POR UMA
EDUCAÇÃO
CRÍTICA
E PARTICIPATIVA

FREI BETTO

POR UMA EDUCAÇÃO CRÍTICA E PARTICIPATIVA

Rocco

Copyright © 2018 *by* Frei Betto

Direitos desta edição reservados à
EDITORA ROCCO LTDA.
Rua Evaristo da Veiga, 65 – 11º andar
Passeio Corporate – Torre 1
20031-040 – Rio de Janeiro, RJ
Tel.: (21) 3525-2000 – Fax: (21) 3525-2001
rocco@rocco.com.br
www.rocco.com.br

Printed in Brazil/Impresso no Brasil

Preparação de originais
MARIA HELENA GUIMARÃES PEREIRA

Editor responsável
PEDRO KARP VASQUEZ

CIP-Brasil. Catalogação na Publicação.
Sindicato Nacional dos Editores de Livros, RJ.

B466p   Betto, Frei, 1944-
        Por uma educação crítica e participativa / Frei Betto.
        – 1. ed. – Rio de Janeiro : Rocco, 2022.

        ISBN 978-65-5532-312-2
        ISBN 978-85-69474-44-9 (e-book)
        1. Educação – Aspectos sociais. 2. Educação popular – Brasil.
        I. Título.

22-80227   CDD: 370.115
                        CDU: 37.014.2(81)

Meri Gleice Rodrigues de Souza – Bibliotecária CRB-7/6439

O texto deste livro obedece às normas do
Acordo Ortográfico da Língua Portuguesa.

*A
Maria Cecília e Maria Thereza,
minhas queridas irmãs*

e

*Aos meus educadores e amigos
Lauro de Oliveira Lima
Paulo Freire
Darcy Ribeiro
e Rubem Alves*

ÍNDICE

I. ESCOLA E FAMÍLIA
  A escola dos meus sonhos 13
  Escolhe a escola 16
  Ensina a teu filho 19
  Arte de ser criança 22
  Idade do "gênio" 25
  Educação e TViolência 30
  Educação do olhar 35
  Dia da Criança: Cidadã ou consumista? 38

II. EDUCAÇÃO E MÍDIA
  Quem faz a nossa cabeça? 43
  Formar cidadãos ou consumistas? 46
  Sentido da educação 51
  Ensino religioso 53
  Educação para os valores 59
  Educação e fascínio da fama 62

III. PARA QUE SERVE A EDUCAÇÃO?
  Brasil: Educação ou barbárie 67
  Geração pós-moderna 70
  Educar para a cidadania 74
  Educar para a felicidade 78
  Para que serve a educação? 80
  Por uma educação protagonista 82

IV. TEMAS POLÊMICOS – DESAFIO À EDUCAÇÃO
  Escola sem partido? 87
  "Ideologia de gênero" 90

Sexo e afeto 93
Morte, tema tabu 95
Escola e educação cristã 98
Desafios pedagógicos aos direitos humanos 101
Educação em direitos humanos 104
Desafios pedagógicos 109
Metas da educação crítica 111
Educação e mudança da realidade 113

V. PAPEL DA UNIVERSIDADE
Papel do educador na formação política de seus alunos 119
Universidade: Formação humanista dos profissionais 123
Universidade e pluridiversidade 125
Cooperação ou competição 129
Universidade e inserção social 134

VI. EDUCAÇÃO POPULAR – O QUE É, COMO FAZER
Importância de Paulo Freire 141
Os excluídos como sujeitos políticos 142
O método Paulo Freire 144
Linguagem popular 146
Culturas distintas e complementares 147
Em memória de Paulo Freire 150
Educação profissional 153
Educação nas classes populares 155
A educação e o educador popular 157
Ninguém educa ninguém 159
O educador promove os alunos 160
O educador liberta os educandos 162
O partido político como educador 164
Os quatro equívocos 167
Os educandos reeducam o educador 170
A teoria como fruto da prática 172

A nova postura do educador 176
Novos paradigmas 179
As esferas sociais 180
Desafios às esferas 183
Novos desafios da educação popular 186
Dimensões paradigmáticas 193
Educação popular e educação formal 197
Educação popular e excluídos 201
Educação popular e eleições 203
Movimento popular e movimento social 205
Educação popular e administração popular 207
Educação popular e trabalho de base 209
Educação popular e afetividade 210
Educação popular e a crítica 213

VII. TEXTOS EDUCATIVOS (PARA REFLEXÃO DE ALUNOS, PROFESSORES E PROFESSORAS)
A vingança dos peixes 217
O corpo 220
Há um terrorista em mim 222
Manual de publicidade 225
Manual para exterminar índios 228
Carta a um jovem internauta 230
Telefobia e meditação 233
Como estudar – Uma carta 235
Obras de Frei Betto 239

SIGLAS

APAE – Associação dos Pais e Amigos dos Excepcionais
CEPIS – Centro de Educação Popular do Instituto "Sedes Sapientiae"
CPT – Comissão Pastoral da Terra
CUT – Central Única dos Trabalhadores
EUA – Estados Unidos da América
FHC – Fernando Henrique Cardoso
FUNAI – Fundação Nacional do Índio
MEC – Ministério da Educação
MST – Movimento dos Trabalhadores Rurais sem Terra
ONG – Organização Não Governamental
ONU – Organização das Nações Unidas
PRONATEC – Programa Nacional de Acesso ao Ensino Técnico e Emprego
PT – Partido dos Trabalhadores
SENAC – Serviço Nacional de Aprendizado Comercial
SENAI – Serviço Nacional de Aprendizado Industrial
SESI – Serviço Social da Indústria
UNICEF – Fundo das Nações Unidas para a Infância

I. ESCOLA E FAMÍLIA

A ESCOLA
DOS MEUS SONHOS

Na escola dos meus sonhos, os alunos aprendem a cozinhar, costurar, consertar eletrodomésticos, fazer pequenos reparos de eletricidade e instalações hidráulicas, conhecer mecânica de automóvel e geladeira, e noções de construção civil. Trabalham em horta, marcenaria e oficinas de escultura, desenho, pintura e música. Cantam no coro e tocam na orquestra.

Uma semana ao ano integram-se, na cidade, ao trabalho de lixeiros, enfermeiros, carteiros, guardas de trânsito, policiais, repórteres, feirantes, garçons e cozinheiros profissionais. Assim, aprendem como a cidade se articula por baixo, mergulhando em suas conexões subterrâneas que, à superfície, nos asseguram limpeza urbana, socorro de saúde, segurança, informação e alimentação.

Não há temas tabus. Todas as situações-limite da vida são tratadas com abertura e profundidade: dor, perda, falência, parto, morte, enfermidade, sexualidade e espiritualidade. Ali os alunos aprendem o texto dentro do contexto: a matemática busca exemplos na corrupção dos políticos e nos leilões das privatizações; o português, na fala dos apresentadores de TV e nos textos de jornais; a geografia, nos suplementos de turismo e nos conflitos internacionais; a física, nas corridas da Fórmula 1 e nas pesquisas dos supertelescópios; a química, na qualidade dos cosméticos e na culinária; a história, na violência de policiais a cidadãos, para mostrar os antecedentes na relação colonizadores-índios, senhores-escravos, Exército-Canudos etc.

Na escola dos meus sonhos, a interdisciplinaridade permite que os professores de biologia e educação física se complementem; a multidisciplinaridade faz com que a história do livro seja estudada a partir da análise de textos bíblicos; a transdisciplinaridade introduz aulas de meditação e dança, e associa a história da arte à história das ideologias e das expressões litúrgicas.

Se a escola for laica, o ensino religioso é plural: o rabino fala do judaísmo; o pai de santo, do candomblé; o padre, do catolicismo; o médium, do espiritismo; o pastor, do protestantismo; o monge, do budismo etc. Se for católica, promove retiros espirituais e adequação do currículo ao calendário litúrgico da Igreja.

Na escola dos meus sonhos, os professores são obrigados a fazer periódicos treinamentos e cursos de capacitação, e ape nas admitidos se, além da competência, comungam com os princípios fundamentais das propostas pedagógica e didática. Porque é uma escola com ideologia, visão de mundo e perfil definido sobre o que são democracia e cidadania. Essa escola não forma consumidores, mas cidadãos.

Ela não briga com a TV, mas leva-a para a sala de aula: são exibidos vídeos de anúncios e programas e, em seguida, analisados criticamente. A publicidade do iogurte é debatida; o produto, adquirido; sua química, analisada e comparada com a fórmula declarada pelo fabricante; as incompatibilidades denunciadas, bem como os fatores porventura nocivos à saúde. O programa de auditório de domingo é dissecado: a proposta de vida subjacente; a visão de felicidade; a relação animador-plateia; os tabus e preconceitos reforçados etc. Em suma, não se ignora a realidade; muda-se a ótica de encará-la.

Há uma integração entre escola, família e sociedade. A Política, com P maiúsculo, é disciplina obrigatória. As eleições para o grêmio ou diretório estudantil são levadas a sério, e um mês por ano setores não vitais da instituição são administrados pelos próprios alunos. Os políticos e candidatos são convidados para debates e seus discursos analisados e comparados às suas práticas.

Não há provas baseadas no prodígio da memória nem na sorte da múltipla escolha. Como fazia meu velho mestre Geraldo França de Lima, professor de História (romancista e membro da Academia Brasileira de Letras), no dia da prova sobre a Independência do Brasil, os alunos levavam à classe toda a bibliografia pertinente e, dadas as questões, consultavam os textos, aprendendo a pesquisar.

Não há coincidência entre o calendário gregoriano e o curricular. João pode cursar a 5ª série em seis meses ou em seis anos, dependendo da sua disponibilidade, aptidão e recursos.

É mais importante educar que instruir; formar pessoas que profissionais; ensinar a mudar o mundo que a ascender à elite. Dentro de uma concepção holística, ali a ecologia vai do meio ambiente aos cuidados com nossa unidade corpo-espírito, e o enfoque curricular estabelece conexões com o noticiário da mídia.

Na escola dos meus sonhos, os professores são bem pagos e não precisam pular de colégio em colégio para poder se manter. Pois é a escola de uma sociedade onde educação não é privilégio, mas direito universal, e o acesso a ela, dever obrigatório.

ESCOLHE A ESCOLA

Não deixes a tua cozinheira, senhora do sabor e da arte do saber – o que convém à mesa –, perdurar como incidadã analfabeta. Escolhe a escola.

Sabes aquele garoto que no trânsito te aborda no sinal vermelho? Aquele acrobata amador que faz bailar sobre a cabeça meia dúzia de bolas ou garrafas? Não dês a ele esmolas, abre-lhe horizontes, aplaca-lhe a fome de humanidade. Escolhe a escola.

Se empregas um jovem de cujo trabalho recebes teu bem-estar, não o deixes absorvido a ponto de impedi-lo de ler, aprimorar sua cultura e seu preparo intelectual. Escolhe a escola.

Não te entregues à ociosidade inútil de tua aposentadoria, teu tempo absorvido por programas televisivos de mero entretenimento, os dias a escorrer céleres a apressar-te a velhice, como se as folhas despidas no outono não mais retornassem no vigor da primavera. Escolhe a escola.

Se enfrentares a atroz dúvida de como presentear os mais jovens, sem a certeza de que haverás de agradá-los, investe no futuro deles, não dês embrulhos, e sim matrículas. Escolhe a escola.

Evita que a tua mente se entorpeça por falta de uso ou pela rotina de tuas ocupações habituais. Amplia a tua visão, aprende um idioma ou a tocar um instrumento musical, matricula-te em um curso de trabalhos manuais ou na oficina de cerâmica. Escolhe a escola.

Há por toda parte muitos cursos que ultrapassam os currículos convencionais, cursos de culinária e de bordado, ikebana e ioga, natação e tai chi chuan; cursos por internet e TV, correspondência e manuais de autodidatismo. Escolhe a escola.

Se encontrares um adolescente no meio rural, entregue precocemente à labuta diária, sem outra cultura senão a que deriva de seus afazeres e da convivência com os guardiões da memória local, ajuda-o a aprender que o mundo é mais vasto que a sua aldeia. Escolhe a escola.

Todos temos algo a aprender e ensinar. Não guardes para ti os teus conhecimentos, as tuas habilidades, tantas informações a adularem tua autoestima. Socializa-os, divulga-os, partilha com o próximo o teu saber. Escolhe a escola.

Se tens tempo livre e podes trabalhar como voluntário, animando crianças em seus deveres escolares, treinando jovens em suas habilidades profissionais, entretendo idosos com as tuas histórias e leituras, não deixa enterrados os teus talentos. Escolhe a escola.

Se frequentas ou tens contato com uma escola, procura estimular o diálogo com outra, trocar experiências e conhecimentos, intercambiar alunos e professores, tornando-se escolas irmãs. Tece entre elas uma rede solidária. Escolhe a escola.

Lembra que muitas crianças e jovens envolvidos com criminalidade estão fora da escola; e muitos são trabalhadores precoces, desprovidos de infância e juventude, de direitos trabalhistas e salário justo. A favor de uma nação saudável, de cidadania plena, escolhe a escola.

Ao encontrar a melhor escola, luta para que todos tenham acesso a ela, e que o ensino seja repartido gratuitamente como os raios solares. Empenha-te para que a escola seja de qualidade, os professores bem preparados e remunerados, as instalações adequadas e limpas, os recursos fartos, os equipamentos atualizados.

Não se faz cidadania sem escolaridade, nem democracia sem cultura centrada nos direitos humanos e na prática intransigente da justiça. Não se aprimora o humano sem ética e valores infinitos enraizados na subjetividade. Escolhe a escola.

A escola nem sempre se resume a uma construção retalhada em salas de aulas, preenchida por alunos devidamente matriculados. Faz-se escola sob a tenda indígena ou a lona do assentamento, no quintal de casa ou na sala de uma igreja, na garagem ao lado ou no cinema cedido às aulas matinais. Escolhe a escola.

Doenças endêmicas, como a dengue ou a febre amarela, a leishmaniose ou a xistosomose, seriam facilmente evitadas se as pessoas tivessem suficiente informação para cuidar da higiene de si e do ambiente em que vivem, dos objetos que manipulam e dos alimentos que consomem. Escolhe a escola.

E ao escolher a escola, não permitas que em torno dela os políticos inflem seus discursos demagógicos. Exige deles – nossos servidores públicos – compromissos efetivos e assinados, de modo que a educação, de qualidade e para todos, seja considerada prioridade neste país. Ao votar, escolhe candidatos comprovadamente empenhados em transformar o Brasil numa imensa escola voltada ao fortalecimento da cidadania e ao aprimoramento da democracia.

ENSINA A TEU FILHO

Ensina a teu filho que o Brasil tem jeito e que ele deve crescer feliz por ser brasileiro. Há neste país juízes justos, ainda que esta verdade soe redundante. Juízes que, assim como meu pai, nunca empregaram familiares, embora tivessem filhos advogados; jamais fizeram da função um meio de angariar mordomias e, isentos, deram ganho de causa também a pobres, contrariando empresas ou patrões gananciosos que se viram obrigados a aprender que, para certos homens e mulheres, a honra é inegociável.

Ensina a teu filho que neste país há políticos íntegros como Antônio Pinheiro, pai do jornalista Chico Pinheiro, que revelou na mídia seu contracheque de parlamentar e devolveu aos cofres públicos jetons de procedência duvidosa.

Ensina a teu filho que não ter talento esportivo ou rosto e corpo de modelo, e sentir-se feio diante dos padrões vigentes de beleza, não é motivo para perder a autoestima. Felicidade não se compra nem é um troféu que se ganha vencendo a concorrência. Tece-se de valores e virtudes, e desenha, em nossa existência, um sentido pelo qual vale a pena viver e morrer.

Ensina a teu filho que o Brasil possui dimensões continentais e as mais férteis terras do planeta. Não se justifica, pois, tanta terra sem gente e tanta gente sem terra. Assim como a libertação dos escravos tardou, mas chegou, a reforma agrária haverá de ser implantada. Tomara que regada com menos sangue.

Ensina a teu filho que os sem-terra e os sem-teto que ocupam áreas ociosas são, hoje, qualificados de "bandidos", como outrora a pecha caíra sobre Gandhi ao protestar sentado nos trilhos das ferrovias inglesas e Luther King ao ocupar escolas vetadas aos negros.

Ensina a teu filho que pioneiros e profetas, de Jesus a Tiradentes, de Francisco de Assis a Nelson Mandela, foram invariavelmente tratados pela elite como subversivos, malfeitores, visionários.

Ensina a teu filho que o Brasil é uma nação trabalhadora e criativa. Milhões de brasileiros levantam cedo todos os dias, comem aquém de suas necessidades e consomem a maior parcela de suas vidas no trabalho, em troca de um salário que não lhes assegura sequer o acesso à casa própria. No entanto, a maioria é incapaz de furtar um lápis do escritório, um tijolo da obra, uma ferramenta da fábrica. Sentem-se honrados por não descerem ao ralo dos bandidos de colarinho-branco. É gente feita daquela matéria-prima dos lixeiros de Vitória, que entregaram à polícia sacolas recheadas de dinheiro que assaltantes de banco haviam escondido numa caçamba de lixo.

Ensina teu filho a evitar a via preferencial da sociedade neoliberal, que tenta nos incutir que ser consumista é mais importante que ser cidadão, incensa quem esbanja fortuna e realça mais a estética que a ética.

Saiba o teu filho que o Brasil é a terra de índios que não se curvaram ao jugo português; terra de Zumbi, Angelim e Frei Caneca, madre Joana Angélica e Anita Garibaldi, dom Helder Camara e Chico Mendes.

Ensina teu filho a não concordar com a desordem estabelecida e que ele será feliz ao unir-se àqueles que lutam por transformações sociais que tornem este país livre e justo. Então, ele transmitirá a teu neto o legado de tua sabedoria.

Ensina a teu filho que a uma pessoa bastam o pão, o vinho e um grande amor. Cultiva nele os desejos do espírito.

Saiba o teu filho escutar o silêncio, reverenciar as expressões de vida e deixar-se amar por Deus, que o habita.

ARTE DE SER CRIANÇA

Aluno do Jardim de Infância Bueno Brandão, em Belo Horizonte, não havia carteiras em minha sala de aula, apenas mesas de pernas curtas, adequadas à nossa estatura, e cadeiras liliputianas. Nossas tarefas consistiam em sonhar, imaginar, rabiscar, desenhar, moldar em argila estranhas figuras, colorir com aquarela, empilhar cubos de madeira que, sobrepostos, se transformavam em casas, pontes, prédios e castelos. Dispostos em linha reta, viravam ferrovias, carruagens, estradas. Em círculos, arenas circenses, represas ou lagos. Encantava-me recortar cartolinas na forma de casas e colá-las – fazíamos grude com farinha de trigo e água –, pois tinha certeza de que, à semelhança do meu tio Paulo, quando crescesse eu seria arquiteto.

Aquele entrelaçar de tato, visão e imaginação organizava o meu mundo interior. Bastavam poucos apetrechos para meus sentimentos encontrarem expressão nos objetos manipulados ou nas linhas dos meus desenhos. Ao fazê-lo, adquiria certa distância relacional: eu era eu, meus pais meus pais, a babá a babá; as árvores das ruas têm uma forma de vida diferente da minha; os pássaros falam linguagens que só eles entendem; dragões, bruxas e duendes que povoavam o meu imaginário não eram pessoas como meus pais, nem coisas como os paralelepípedos que calçavam as ruas do bairro, e sim entidades espirituais, como Deus e os anjos, que eu venerava e com as quais mantinha uma relação de temor, reverência e fascínio.

O melhor da infância é o mistério. Povoa a criança com uma força imponderável, superior a todas as realidades sensíveis. O mistério seduz e, tecido em encantos, assusta ou atrai ao não mostrar o rosto nem pronunciar o próprio nome. Habita aquela zona da imaginação infantil tão indevassável quanto impronunciável. Nela, as conexões rompem limites e barreiras, o inconsciente transborda sobre o consciente, o sobrenatural confunde-se com o natural, o divino permeia o humano, o insólito, como dragões e piratas, é de uma concretude que só a cegueira dos adultos, tão bem denunciada pelo pequeno príncipe de Saint-Exupéry, é incapaz de enxergar.

Os adultos devem manter-se a distância quando a criança se encontra mergulhada em seu universo onírico. Ela sabe que carrega em si um tesouro de percepções que os olhos alheios não podem perscrutar. Recolhida a um canto, deitada em sua cama ou brincando em companhia de seus pares, deixa fluir os seres virtuais que habitam o seu espírito e com os quais estabelece um diálogo íntimo, livre das amarras do tempo e do espaço. Tudo flutua dentro dela, graças à ausência de gravidade que a caracteriza.

Se um adulto interfere, quebra-se o encanto, apaga-se a volatilidade que a transporta a um hemisfério que não cabe na lógica adulta. O real emerge com sua implacável geometria, onde as coisas carecem de estruturas flexíveis. A vida empobrece, desprovida de colorido. Tudo se torna pesadamente aritmético, como se a ave, aprisionada no chão, ficasse impedida até mesmo de sonhar com o voo, reduzida aos movimentos contidos de seus passos.

Por tanta familiaridade com o mistério, as crianças são naturalmente religiosas, como se a natureza suprisse quem se encontra biologicamente mais próximo da fonte da vida de percepções holísticas contidas na vitalidade das células, na mecânica das moléculas, na identidade quântica dos átomos, onde matéria e energia são apenas faces de uma mesma realidade.

Privar a criança do mergulho no mistério, do ócio acalentador, do tempo em que ela nem sonha em crescer, é amputá-la da infância. Esse corte resulta da penúria material, do peso esmagador da racionalidade, do trabalho precoce ou do excesso de exposição a mídias eletrônicas, que lhe roubam os sonhos. É mutilar o ser, abortando a criança para apressar, de modo cruel, a irrupção irreversível do adulto. Ao sorriso sucede o travo amargo de quem já não logra mirar a vida como maravilha – dentro e fora de si. A insegurança aflora, denuncia carências e torna-as vulneráveis aos sonhos químicos das drogas, já que o melhor da infância foi sonegado – sentir-se um ser amado e convidado a amar.

IDADE DO "GÊNIO"

Nosso olhar está impregnado de preconceitos. Uma das miopias que carregamos é considerar criança ignorante. O educador e cientista Glenn Doman se colocou a pergunta: em que fase da vida aprendemos as coisas mais importantes que sabemos? Falar, andar, movimentar-se, distinguir olfatos, cores, fatores que representam perigo, diferentes sabores, discernir relações de parentesco, distância e proporção; intuir situações de segurança ou risco etc. Ora, 90% de tudo que é importante para fazer de nós, seres humanos, aprendemos entre zero e seis anos, período que Doman considera "a idade do gênio". Não há exagero na expressão.

Ocorre que a educação quase não investe nesta fase. Nossas creches são insuficientes para o número de crianças que delas necessitam. E as poucas existentes nem sempre funcionam com eficiência e qualidade pedagógicas.

Nos EUA, Glenn Doman tratou crianças com deformações esqueléticas incorrigíveis, porém de cérebro sadio. Hoje são adultos que falam diversos idiomas, dominam música, computação etc. São pessoas felizes, com boa autoestima. Ao conhecer no Japão um professor que adotou o método dele, foi recebido por uma orquestra de crianças: todas tocavam violino. A mais velha tinha quatro anos...

Ele ensina, em seus livros, como se leva uma criança, de três ou quatro anos, a aprender um instrumento musical ou se autoalfabetizar sem curso específico de alfabetização.

Se me perguntassem: para o Brasil dar certo, que reformas precisariam ser feitas? Eu diria: uma objetiva e outra subjetiva. A objetiva é a reforma agrária. Brasil e Argentina são os únicos países das três Américas que nunca fizeram reforma agrária. O detalhe é que somos o único país das Américas com área cultivável de 600 milhões de hectares, e com enorme potencial de produção extrativa, como é o caso da Amazônia.

A reforma subjetiva seria a da educação. Todo o potencial da nossa vida depende da educação recebida, que no Brasil nunca foi suficientemente valorizada. E sofreu um trauma durante a ditadura militar, ao adotar o método usamericano de não qualificação dos conteúdos, e sim de quantificação. Sobretudo suprimiu do currículo disciplinas que nos ajudam a pensar, como filosofia e sociologia, agora reintroduzidas em algumas escolas de ensino médio. Durante décadas foram proibidas, tanto que em Belo Horizonte um professor resolveu, por conta própria, dar aula de filosofia aos sábados para alunos que se interessassem. O êxito foi tamanho que a escola teve que introduzi-la no currículo.

Foi o psicanalista José Ângelo Gaiarsa, um dos mestres de meu irmão Leonardo Libanio Christo, também terapeuta, que me despertou para as obras de Glenn e Janet Doman, do Instituto de Desenvolvimento Humano da Filadélfia. O casal é especialista no aprimoramento do cérebro humano.

Os bichos homem e mulher nascem com cérebros incompletos. Graças ao aleitamento, em três meses as proteínas dão acabamento a este órgão que controla os nossos mínimos movimentos e faz o nosso organismo secretar substâncias químicas que asseguram o nosso bem-estar. Ele é a base de nossa mente e dele emana a nossa consciência. Todo o nosso conhecimento, consciente e inconsciente, fica arquivado no cérebro.

Nascemos com bilhões de neurônios. As sinapses, as conexões cerebrais, se dão de maneira acelerada nos primeiros anos da vida. A partir dos seis anos, metade desses neurônios desaparece como folhas que, no outono, se desprendem dos galhos.

Ninguém precisa insistir para que seu bebê se torne um novo Mozart que, aos cinco anos, já compunha. Mas é bom saber que a inteligência de uma pessoa pode ser ampliada desde a vida intrauterina. Alimentos que a mãe ingere ou rejeita na fase da gestação tendem a influir, mais tarde, na preferência nutricional do filho. O mais importante, contudo, é suscitar as sinapses cerebrais. E um excelente recurso chama-se leitura.

Ler para o bebê acelera seu desenvolvimento cognitivo, ainda que se tenha a sensação de perda de tempo. Mas é importante fazê-lo interagindo com a criança: deixar que manipule o livro, desenhe e colora as figuras, complete a história e responda a indagações. Uma criança familiarizada desde cedo com livros terá, sem dúvida, linguagem mais enriquecida, mais facilidade de alfabetização e melhor desempenho escolar.

A vantagem da leitura sobre a TV ou a internet é que, frente ao monitor, a criança permanece inteiramente receptiva, sem condições de interagir com o filme ou o desenho animado. De certa forma, a TV ou a internet "rouba" a capacidade onírica dela, como se sonhasse por ela.

A leitura suscita a participação da criança, obedece ao ritmo dela e, sobretudo, fortalece os vínculos afetivos entre o leitor adulto e a criança ouvinte. Quem de nós não guarda afetuosa recordação de avós, pais e babás que nos contavam histórias fantásticas?

Enquanto a família e a escola querem fazer da criança uma cidadã, a TV tende a domesticá-la como consumista. O Instituto Alana, de São Paulo, do qual sou conselheiro, constatou que num período de 10 horas, das 8h às 18h de 1º de outubro de 2010, foram exibidos 1.077 comerciais voltados ao público infantil; média de 60 por hora ou um por minuto!

Foram anunciados 390 produtos, dos quais 295 brinquedos, 30 de vestuário, 25 de alimentos e 40 de mercadorias diversas. Média de preço: R$ 160! Ora, a criança é visada pelo mercado como consumista prioritária, seja por não possuir discernimento de valor e qualidade do produto, como também por ser capaz de envolver afetivamente o adulto na aquisição do objeto cobiçado.

Há no Congresso Nacional inúmeros projetos de lei propondo restrições e até proibições de propaganda ao público infantil. Pouco se avança, pois o lobby do Lobo Mau insiste em não poupar Chapeuzinho Vermelho. E quando se fala em restrição ao uso da criança em anúncios (observe como se multiplica!), logo os atingidos em seus lucros fazem coro: "Censura!"

Concordo com Gabriel Priolli: só há um caminho razoável e democrático a seguir, o da regulação legal, aprovada pelo Legislativo, fiscalizada pelo Executivo e arbitrada pelo Judiciário. E isso nada tem a ver com censura, trata-se de proteger a saúde psíquica de nossas crianças.

O mais importante, contudo, é que pais e responsáveis iniciem a regulação dentro da própria casa. De que adianta reduzir publicidade se as crianças ficam expostas a programas de adultos nocivos à sua formação?

Erotização precoce, ambição consumista, obesidade excessiva e mais tempo dedicado à TV, ao computador e ao celular que à escola, aos estudos e às brincadeiras com amigos são sintomas de que o seu ou a sua doce filho(a) pode se tornar, amanhã, um amargo problema.

EDUCAÇÃO E **TV**IOLÊNCIA

Nos EUA, já podem ser selecionados automaticamente programas de mídias eletrônicas convenientes às crianças. Na França, cada programa é aberto com uma tarja verde (livre), laranja (atenção!) ou vermelha (não recomendado). Embora o sistema apareça na tela menos de cinco segundos, pesquisa comprovou que 80% dos telespectadores sabem o que significam as tarjas.

Cientistas e educadores constatam que muitas crianças não têm condições de diferençar a ficção da realidade. Afinal, quem de nós não acreditou em Papai Noel ou na existência da Branca de Neve? Certas cenas de filmes suscitam angústia nos telespectadores infantis, levando-os ao estresse precoce (insônia, diarreia, pavor etc.).

Pesquisa da psicóloga Marilda Lipp, da Universidade Católica de Campinas, constatou que o medo de Deus é a principal causa de estresse em crianças de 7 a 10 anos. Deus é o recurso utilizado pelos pais para coibir os filhos. "Não faça isso que Deus castiga." Outro dia, vi um pai insistir com o filho, diante do altar do Senhor morto: "Agradeça a ele a sua vida, pois morreu por você." Fiquei pensando no efeito desta frase na cabeça do menino, que devia ter uns oito anos. O preço de sua vida é a morte de um Deus feito homem...

"Deus castiga" de modo terrível: a maldição, o diabo, o fogo do inferno. O estresse manifesta-se por dor de barriga, irritações na pele, taquicardia, insônia, perda de apetite. As crianças tendem a ser adultos inseguros ou perfeccionistas.

Há escolas brasileiras que começam a dar os primeiros passos na educação para a imagem. Os alunos gravam os anúncios e, depois, repassam na classe e debatem. Esse recurso ajuda a desenvolver um distanciamento crítico frente à publicidade.

Minha geração educou-se, na década de 1950 em Belo Horizonte, em cineclubes. Os debates que se seguiam à exibição dos filmes favoreciam a nossa educação artística e política.

Porém, falar em consciência crítica nessa onda de *globocolonização* que assola o planeta é quase um palavrão. Prejudica os interesses de quem se empenha em formar, não cidadãos, mas consumistas.

Nossa geração tinha referências altruístas: Jesus, Maria, São Francisco e, mais tarde, Gandhi, Luther King etc. Éramos educados no idealismo, no sonho de mudar o mundo e fazer todas as pessoas felizes. Os paradigmas atuais são quase todos egocêntricos, violentos ou excessivamente erotizados, tipo Star Wars/ Schwarzenegger.

A educação resulta da confluência da família, da religião, da escola e da mídia. Seu papel é interiorizar valores, padrões e normas de comportamentos, e a óptica pela qual se encara a realidade, a vida, a história. Ocorre que, hoje, a mercantilização crescente da mídia, mais interessada em entretenimento que em cultura, na tentativa de transformar crianças em consumistas precoces, se sobrepõe ao empenho em incutir-lhes ética, amor ao próximo, cidadania e valores espirituais. O resultado é a formação de seres humanos agressivos, inseguros quanto às suas referências, medrosos diante do futuro e dependentes – da família, da droga ou de amizades cúmplices em veredas obscuras...

Certo dia, ouvi uma mãe contar que proibira sua filha de participar de uma passeata. No entanto, permitia a menina amanhecer em danceterias. Acendia o sinal verde para a esfera da evasão e o vermelho para atividades que levassem a filha à atuação política – que, como dizia o papa Paulo VI, é "a forma mais perfeita de caridade", pois determina a igualdade ou a desigualdade de direitos e oportunidades na sociedade.

O caso dos rapazes que, em Brasília, acenderam a pira de nossos preconceitos e queimaram um índio pataxó, levanta uma pergunta: o que escutavam, em casa, quando seus pais comentavam sobre índios, mendigos, negros e desocupados? O modo como a família se refere aos demais segmentos da sociedade influi decisivamente na óptica que os filhos terão de seus semelhantes. Se uma patroa trata a empregada doméstica como se fosse escrava, não deveria ficar surpresa se a filha demonstra nojo frente a pessoas subalternas e tem vergonha de fazer trabalhos domésticos, como lavar, varrer etc. Os pais são sempre modelos para a criança.

Certa vez, uma amiga me disse: "Betto, não vou batizar os meus filhos, nem educá-los em nenhuma religião. Eles, aos vinte anos, decidirão se querem seguir alguma crença. Fui aluna de colégio de freiras e paguei terapia muitos anos para me livrar de tabus e recalques que me foram incutidos." Eu respondi: "Você, como mãe, e seu marido, como pai, têm todo o direito de educar os filhos como bem entenderem, mas não concordo com a sua ótica. Você não tem escolha: ou educa, ou a TV educa, não há alternativa, pois não existe neutralidade. Se não der educação religiosa a seus filhos – educação aqui entendida como valores evangélicos, princípios éticos, abertura ao transcendente –, a TV ensinará a eles, por outra escala de valores, o que é certo e errado, bom e ruim, bem e mal, justo e injusto, quem é bandido e quem é mocinho, qual é o jogo ético, aético ou antiético da vida social. A formação da subjetividade é uma questão educativa da maior importância."

Às vezes, casais com filhos na adolescência me perguntam o que fazer para despertar neles um mínimo de espiritualidade. Reajo: "Se tivessem feito essa pergunta, não agora que seu filho tem 16 anos, mas há dez anos, eu saberia responder." A indiferença com a vida espiritual não ocorre a uma pessoa acostumada, desde criança, a orar com os pais antes das refeições, ler e comentar a Bíblia, celebrar como convém as festas litúrgicas, jejuar do consumismo na Quaresma, vivenciar a Páscoa, comemorar o Natal em torno do Menino Jesus e não do Papai Noel.

É verdade que as mídias eletrônicas são, hoje, máquinas de incentivo à violência. Porém, não descarreguemos sobre elas toda a culpa por nossas omissões. Uma boa educação familiar reduz o impacto que elas podem ter sobre as crianças.

Pesquisa revela que, por ano, uma criança assiste, na TV, cerca de 18 mil assassinatos (telejornais, filmes e desenhos). Se os pais nunca debatem com os filhos o conteúdo dos programas, é possível que eles se tornem mais vulneráveis. Contudo, quem reage coletivamente a programa da TV? Quem escreve para os patrocinadores dos programas antiéticos? Quem deixa de comprar os seus produtos?

Muitas vezes, a falta de uma educação melhor dos mais jovens tem como causa principal a omissão dos adultos. Passivos, tornamo-nos cúmplices de tudo o que condenamos nessa cultura hedonista e violenta. Só a consciência sobre o que significa cidadania, defesa dos direitos humanos e efetiva participação na vida social pode nos salvar de um futuro menos bárbaro.

EDUCAÇÃO DO OLHAR

Desde que me entendo por gente, a escola ensina análise de textos. Graças a essas aulas, aprendi o ufanismo de "criança, jamais verás um país como este"; conheci a paixão de Tomás Antônio Gonzaga por sua Marília; e deletei-me com os poemas satíricos de Leandro Gomes de Barros, como esses versos tão atuais, escritos no início do século XX: "O Brasil é a panela/O Estado bota sal,/ O Município tempera,/quem come é o Federal."

Todo texto tece-se com os fios do contexto em que foi escrito. Quanto mais próximo encontra-se o leitor do contexto em que se produziu o texto, tanto melhor capta o seu pretexto, o significado. Um alemão tem mais condição de apreender, com a sensibilidade, o universo das obras de Goethe, assim como um brasileiro sente o perfume da culinária descrita nos romances de Jorge Amado.

Para que serve estudar literatura? Entre outras razões, para ler com mais acuidade o livro da vida, cujos autores e personagens somos nós. Quem lê sabe distinguir entre arte e panfleto, jogo de rimas e poesia, experimentalismo barato e ficção de qualidade. Ler é um exercício de escuta e ausculta. Por isso, enquanto não chegam novos avanços tecnológicos, tenho a impressão de que ler livro na internet é como ver a foto de um entardecer de maio sobre as montanhas de Belo Horizonte. É preferível contemplar a maravilha ao vivo.

Na adolescência, tive em cineclubes minha primeira educação do olhar. Após a exibição do filme, debates deixavam nítida a diferença entre obra de arte e mero entretenimento. Cultivava-se a sensibilidade, saturada pelas sagas melodramáticas dos pastelões de Hollywood e insaciada diante dos grandes mestres do cinema. A chatice repetitiva do humor televisivo jamais produzirá um Chaplin.

Hoje, a imagem ocupa em nossos olhos mais espaço que o texto, graças à universalização da TV, da internet e do celular. No entanto, a escola parece não se dar conta de que vivemos na era imagética. Ou pior, compete com a TV, a internet e o celular com arrogante indiferença ou desprezo. Dentro da sala de aula ainda predominam a narrativa textual, a palavra escrita, a sequência demarcada por início, meio e fim, marcas da historicidade. Fora da escola, recebemos a avalanche de imagens, o vertiginoso coquetel que embaralha passado, presente e futuro, a narrativa implodida pelo recorte inconcluso dos clipes, a cultura definhada em diversão vazia e entrecortada em WhatsApp e Twitter.

Enquanto a escola se esforça, ao menos teoricamente, para formar cidadãos, a TV e a internet formam consumistas. Se, hoje, os alunos são mais indisciplinados que outrora, é porque não podem – ainda – mudar o professor de canal... Por que não destronar a TV e a internet como rainhas do lar e levá-las para a sala de aula?

Chegou a hora de nos emanciparmos do tirânico monólogo televisivo. Pode-se discordar de um jornal e escrever à seção de cartas dos leitores ou protestar no rádio, ligando para a emissora. Como queixar-se à televisão, uma concessão pública utilizada em função de interesses e lucros privados? O melhor recurso é inverter a relação: ela passa a ser objeto e nós, sujeitos.

Imagino os alunos em sala de aula analisando programas de TV e clipes publicitários; transformando o jogo de emoções – fotos, sons, movimentos – em objeto da razão; decodificando os conteúdos dos programas e a carpintaria da produção televisiva. Atores e produtores de TV seriam recebidos em salas de aula; a qualidade dos produtos ofertados conferida; abrir-se-ia o debate sobre a "ética" implícita nos programas de auditório, onde pobres e nordestinos são ridicularizados, e na publicidade, que reduz a mulher a seus atributos físicos como isca de consumo.

Ver TV e internet na escola é educar o olhar. E, assim, dar importante passo rumo à democratização dos meios de comunicação, pois instituições de ensino também devem ter suas rádios comunitárias e produzir audiovisuais. Só um olhar crítico abre-nos o horizonte da cidadania e da democracia real. Caso contrário, corremos o risco de ver cada vez mais caras e menos corações, acreditar que a predominância da estética dispensa a ética, e crer que os sonhos são apenas casulos que não geram borboletas de utopia.

DIA DA CRIANÇA: CIDADÃ OU CONSUMISTA?

A 12 de outubro comemora-se o Dia da Criança. Momento de refletir o que temos feito com as nossas. Estamos formando futuros cidadãos ou consumistas?

A pesquisadora Susan Linn, da Universidade de Harvard, constatou que o excesso de publicidade causa nas crianças distúrbios comportamentais e nutricionais. De obesidade precoce, pela ingestão de alimentos ricos em açúcares ou gorduras saturadas, como refrigerantes e frituras, à anorexia, provocada pela obsessão da magreza digna de passarela.

Sexualidade precoce e desajustes familiares são outros efeitos da excessiva exposição à publicidade. São menos felizes, segundo a pesquisadora, as crianças influenciadas pelas ideias de que sexo independe de amor, a estética do corpo predomina sobre os sentimentos, e a felicidade reside na posse de bens materiais.

Impregnada desses falsos valores, tão divulgados como absolutos, a criança exacerba suas expectativas. Ora, sabemos todos que o tombo é proporcional ao tamanho da queda. Se uma criança associa a sua felicidade a propostas consumistas, tanto maior será sua frustração e infelicidade, seja pela impossibilidade de saciar o desejo, seja pela incapacidade de cultivar sua autoestima a partir de valores enraizados em sua subjetividade. Torna-se, assim, uma criança rebelde, geniosa, impositiva, indisciplinada em casa e na escola.

A praga do consumismo é, hoje, também uma questão ambiental e política. Montanhas de plástico se acumulam nos oceanos, e a incontinência do desejo dificulta cada vez mais uma sociedade sustentável, na qual os bens da Terra e os frutos do trabalho humano sejam partilhados entre todos.

Um dos fatores de deformação infantil é a desagregação do núcleo familiar. No Dia dos Pais, um garoto suplicou ao pai, em bilhete, que desse a ele tanta atenção quanto dedica à TV... Um filho de pais separados pediu para morar com os avós após presenciar a discussão dos pais e escutar que ambos queriam se ver livre dele no fim de semana.

Causa-me preocupação a atitude de pais que estimulam crianças a se maquiarem, pintarem as unhas, e as exibem em concursos de beleza. Uma filha instigada a, precocemente, prestar demasiada atenção ao próprio corpo tende à esquizofrenia de ser biologicamente infantil e psicologicamente "adulta". Encurta-se, assim, seu tempo de infância. A fantasia, própria da idade, é transferida à TV e ao apelo de consumo. Não surpreende, pois, que, na adolescência, o vazio do coração busque compensação no uso de drogas.

Crianças são seres miméticos por natureza. A melhor maneira de interessar um bebê em um instrumento musical é colocá-lo ao lado de outro que já tenha familiaridade com o instrumento. Ora, o que esperar de uma criança que presencia os pais humilharem a faxineira, tratarem garçons com prepotência, xingarem motoristas no trânsito, jogarem lixo na rua, passarem a noite se deliciando com futilidades televisivas?

Criança precisa de afeto, de sentir-se valorizada e acolhida, mas também de disciplina e, ao romper o código de conduta, de punição sem violência física ou oral. Só assim aprenderá a conhecer os próprios limites e respeitar os direitos do outro. Só assim evitará se tornar um adulto invejoso, competitivo, rancoroso, pois saberá não confundir diferença com divergência e não fará da dessemelhança fator de preconceito e discriminação.

É preciso conversar com elas, através da linguagem adequada, sobre situações-limite da vida: dor, perda, ruptura afetiva, fracasso, morte. Incutir nelas o respeito aos mais pobres e a indignação frente à injustiça que causa pobreza; senso de responsabilidade social (um dia vi alunos de uma escola varrendo a rua), de preservação ambiental (como a economia de água), de protagonismo político (saber acatar decisão da maioria e inteirar-se sobre o que significam os períodos eleitorais).

Se você adora passear com seu filho em shopping center, não estranhe se, no futuro, ele se tornar um adolescente ressentido por não possuir tantos bens finitos. Se você, porém, incutir nele apreço aos bens infinitos – generosidade, solidariedade, espiritualidade – ele se tornará uma pessoa feliz e, quando adulto, será seu companheiro de amizade, e não o eterno filho problema a lhe causar tanta aflição.

Saber educar é saber amar.

II. EDUCAÇÃO E MÍDIA

QUEM FAZ A NOSSA CABEÇA?

A Conferência do Clima, realizada em Paris em fins de 2015, não abordou suficientemente muitos temas. Houve um encontro prévio na Bolívia, e lá estava o secretário-geral da ONU. Ali se propôs promulgar uma Declaração Universal de Defesa da Natureza. A Declaração Universal de Direitos Humanos, de 1948, comparada com a da Revolução Francesa, representou um grande avanço, mas, vista de hoje, após mais de 70 anos, precisa ser aprimorada.

A declaração diz, por exemplo, que todos os seres humanos nascem com dignidade. Porém, não exige que se assegurem as condições de viverem com dignidade. E não determina, como a Declaração de Independência dos EUA, que todos têm direito à felicidade.

No Butão, pequeno país no sul da Ásia, o rei substituiu o Produto Interno Bruto pela Felicidade Interna Bruta. Agora o critério de aferição das condições do país não é mais o consumismo ocidental, é o da felicidade daquele povo camponês.

A Declaração Universal não fala dos direitos planetários. E já começou a corrida. Todo dia aparece no noticiário a cobiça cósmica. Primeiro, pela Lua. Logo descobriram que ela não dá lucro. Agora é Marte, Saturno, Plutão. Gasta-se um absurdo com a colonização planetária, dinheiro que daria para resolver o problema da desnutrição global.

A ONG britânica Oxfam denunciou, em Davos, na Suíça, que o patrimônio das oito pessoas mais ricas do mundo equivale às posses de metade da população mundial. Ou seja, em janeiro de 2017, 3,6 bilhões de pessoas mais pobres, de um lado da balança, e outras oito mais ricas, do outro lado, com a mesma renda!

O francês Thomas Piketty, autor de *O capital no século XXI*, e que nada tem de esquerdista, afirma: a pirâmide da desigualdade crescerá aceleradamente enquanto o capital predominar sobre os direitos humanos.

O próprio sistema tem este nome: capitalista. Eis o drama das instituições de formação da cidadania, como sindicatos, Igreja, família e escola. Elas pretendem formar cidadãos. O sistema quer formar consumistas.

Esse é o conflito que todo educador vive na própria família. É uma luta desigual. Ele tem valores, princípios, ética, mas o filho está exposto a uma multimídia avassaladora, confirmando o princípio do velho Marx: a maneira de pensar de uma sociedade tende a ser a maneira de pensar da classe que domina aquela sociedade. Isso é irrefutável. Quem domina tem em mãos os meios de comunicação.

O sistema brasileiro de rádio e televisão (não a imprensa escrita) tem dono: a União. Em outras palavras, todos nós, contribuintes brasileiros. E o governo, em nosso nome, estabelece uma concessão – concede o direito de uso a um determinado grupo empresarial. Pela Constituição, essas concessões deveriam ser avalizadas e, se aprovadas, renovadas periodicamente, mas isso nunca acontece.

Quando trabalhei no Planalto, em 2003/2004 (narro essa história no livro *Calendário do poder*, editora Rocco), eu perguntava ao presidente e aos ministros: o governo não é dono do sistema radiotelevisivo do Brasil? Sim, é dono. Por que, então, paga às emissoras de TV para fazer propaganda do Ministério da Saúde, do Ministério da Educação, do Banco do Brasil? Sem resposta...

Em época de eleições, escutamos: "*Inicia-se agora o horário eleitoral gratuito.*" Mentira, não é gratuito. A quantia que o canal perde naquele horário "cedido" aos partidos e candidatos, é abatido no imposto de renda das emissoras.

É papel da educação desvelar (= tirar o véu) as notícias e informações que recebemos. E apontar a *globocolonização* que nos é imposta sob o manto virtual da globalização.

FORMAR CIDADÃOS OU CONSUMISTAS?

Falar de educação é falar de sociedade. Um dos reflexos da concepção cartesiana que temos da educação é que as distinções são mais acentuadas do que as conexões. Por isso, hoje se fala em concepção holística da educação, de modo a reatar os nós desatados pela modernidade cartesiana.

É preciso levar em conta a Constituição brasileira: "A educação é de responsabilidade da família, da escola e da sociedade." Às vezes, imagino os promotores, o Ministério Público, entrando com recurso junto à União para penalizar a sociedade por não cumprir seu papel educativo...

Nas nações indígenas tribalizadas, a educação de uma criança depende de todo o conjunto da comunidade; não é responsabilidade da escola, que não existe, nem dos pais, porque a família da criança e do jovem é toda a comunidade. É evidente que essa utopia não é mais realizável em nossas cidades que, inclusive, foram concebidas, não em função da humanização das pessoas, mas como burgos. Daí o nome "burguês": aquele que vivia numa confluência, em um entroncamento de caminhos onde se dava a troca de mercadorias.

O que marca a origem das cidades no Ocidente, tais como as conhecemos hoje, é o interesse econômico. Todo planejamento viário da cidade é feito em função do fluxo da economia, e não da qualidade de vida dos cidadãos. O Brasil tem, hoje, mais de 85% da sua população na cidade.

Isso não significa, porém, que o Brasil tenha um mundo urbano em contraposição ao rural, pois há uma progressiva unificação da mentalidade do brasileiro, graças ao avanço dos meios de comunicação.

Essa rede de comunicação é muito positiva. A mais poderosa de todas é a TV. Porém, há uma dicotomia ou tensão entre o propósito educativo e o conteúdo predominante na TV brasileira. Nada contra as emissoras; o problema está no conteúdo que, salvo raras exceções, visa formar consumistas e não cidadãos. De outro lado, estão a escola, a família, as Igrejas que, em princípio, têm o propósito de formar cidadãos. Isso explica o nosso desconforto como educadores.

Com muita frequência educadores me perguntam: "Por que, na nossa época, éramos tão disciplinados em sala de aula, e agora o pessoal é tão agitado, até mesmo agressivo?" A resposta, a meu ver, é óbvia: porque, agora, a garotada gostaria de poder mudar o professor de canal. Aguentar por quase uma hora aquele tom monocórdio, não é fácil, principalmente quando o professor não é dotado de pedagogia para tornar atrativa a sua presença em sala de aula.

A TV brasileira é uma concessão pública; o Estado deveria, em nome da sociedade, e como provedor não só de nosso bem-estar, mas também do nosso crescimento cultural e espiritual, exigir das emissoras parâmetros educativos. Isso não acontece.

As emissoras são o melhor presente que umas poucas famílias podem receber desse Estado clientelista, que privilegia determinados segmentos da sociedade. Até porque não se exige das famílias "donas" de canais de TV aquele mínimo que se espera em qualquer país decente: a devolução aos cofres públicos de uma parte da fabulosa verba de publicidade. Imaginem se 10% das verbas publicitárias da TV fossem destinados à educação fundamental! Seria uma revolução, principalmente considerando o que o Censo demonstra: das verbas destinadas ao ensino fundamental, apenas 8% chegam ao segmento que representa os 20% mais pobres da população. E as destinadas ao ensino superior, quase a metade vai para os 20% mais ricos da população.

É um funil às avessas. Ou se muda a política de orientação educacional deste país, ou continuaremos remando contra a maré e fazendo um trabalho inócuo, porque as forças contrárias são mais poderosas do que os nossos bons propósitos e as nossas boas intenções.

No caso da TV, a questão é séria, porque o conteúdo é hegemônico. Estou falando da TV aberta, majoritária, que atinge mais de 90% dos domicílios brasileiros. Não me refiro à TV por assinatura, mais qualificada. A TV aberta, muitas vezes, exerce um papel deseducativo, de desinformação e deformação das novas gerações brasileiras, porque sua prioridade é fortalecer o mercado. O que rege a grade de programação da TV é justamente o que dá Ibope, pois significa maior contingente de consumidores.

Não importa se essa prioridade consumista fere princípios, parâmetros e elementos éticos que a família, a escola, a Igreja e a sociedade querem incutir nos jovens. Importa aumentar o índice de consumo. Isso não seria tão grave se não houvesse um antagonismo. Não uma competição, é mais do que isso – há um conflito ético entre a formação e a deformação de uma pessoa.

Em geral, uma pessoa não é simultaneamente cidadã e consumista. Há um momento em que uma dessas dimensões é prioritária em sua vida. A publicidade sabe muito bem que, quanto mais culta uma pessoa – cultura é tudo aquilo que engrandece o nosso espírito e a nossa consciência –, menos consumista ela tende a ser.

A TV aberta não trabalha visando favorecer a cultura, porque cultura cria discernimento crítico; trabalha com o entretenimento, que esgarça os nossos princípios éticos. O que é entretenimento? Um exemplo é aquele conjunto de enlatados que vem dos EUA: filmes violentos, desenhos animados, programas humorísticos etc. Em vez de passearmos com a família, com os filhos, com os parentes, ficamos sentados na poltrona. Pensamos estar absorvendo algo útil e, no entanto, evitamos o diálogo familiar, o divertimento das crianças, o contato com a natureza, e deixamos de curtir uma série de atividades saudáveis.

Qual é o segredo do entretenimento? Quem trabalha em publicidade, ou em roteiros de enlatados, conhece a sua alquimia. Não é fácil criar entretenimento, porque não visa a dar sustança ao espírito e à consciência; o objetivo é apenas dar toques sensitivos, capazes de hipnotizar.

O rádio, por exemplo, é universal; pode-se ouvir a transmissão dirigindo carro, cozinhando, plantando etc. A TV, não. Exige uma atitude de passividade, como se provocasse hipnose. Tenho de estar diante do aparelho.

Como se faz a alquimia do entretenimento? Graças aos conhecimentos do doutor Freud, sabemos que o nosso inconsciente gira no diapasão início da vida/fim da vida. Somos o único animal que sabe que nasceu e vai morrer. Nenhum outro animal tem essa consciência; todos são contemporâneos de seu presente. São *aqui e agora*.

Nós, humanos, não só oscilamos em nível do consciente, como temos um grande risco na vida, que é o de não sermos contemporâneos do próprio presente, como ensina, por exemplo, a tradição budista. Envelhecemos mais rapidamente quando vivemos na nostalgia do que passou, ou na ansiedade do que virá, e não somos capazes de ser presentes na atualidade. Por isso, gosto destes versos: "O passado passou,/o futuro virá,/ mas isso,/aqui e agora,/é, de fato, um presente." Mas é preciso saber curti-lo.

O diapasão da indústria do entretenimento é transformar o início da vida, a sexualidade, em pornografia; e o fim da vida, a morte, em violência. Ligadas as duas coisas, eis o êxito, eis o crescimento do Ibope, eis a formação de consumistas!

Gostamos de ser espectadores de algo que é instigante ao nosso inconsciente e mexe com as profundezas do nosso psiquismo. Mas não podemos estar permanentemente numa atitude de Eros. Ainda não chegamos à fase de humanização em que as estruturas do nosso cérebro, tributárias de répteis e primatas, tenham sido inteiramente superadas.

Costumo alertar, quando dizem que precisamos "escolher políticos com diploma de curso superior", que as bombas de Hiroshima e Nagasaki foram construídas por grandes cientistas, todos eles com PhD em física, química etc.; os fornos crematórios de Auschwitz, por engenheiros; as armas biológicas, por médicos e químicos. Ou seja, o fato de alguém ser erudito, ter alta qualificação do ponto de vista acadêmico, significa pouco.

SENTIDO DA EDUCAÇÃO

Educar é formar pessoas verdadeiramente humanizadas e felizes. Isso significa pessoas com ética, valores, princípios e projetos de vida.

Que educação é essa que forma um mundo de desigualdade? Um mundo em que a competitividade é um valor acima da solidariedade. Em que a própria educação é fator de estímulo à competição mediante provas, prêmios e também humilhação dos que não passam de ano e não avançam. A maioria não tira primeiro lugar. Lembro quanto sofri no curso secundário, no ensino fundamental, por não ser premiado, não ter meu nome no quadro de honra, não receber medalha, não figurar entre os primeiros da classe, como narro em meu livro *Alfabetto – autobiografia escolar*.

Ora, que educação é essa que não consegue trabalhar a formação de princípios éticos?

Criança em Belo Horizonte, eu ia ao centro da cidade comprar prego para os meus carrinhos de rolimã ou para as manivelas que eu mesmo fabricava. Naquela época, felizmente, não existia a palavra grife, montávamos os próprios brinquedos. Meu pai alertava: "Não passe em determinadas ruas do centro." Ali ficava a zona boêmia da cidade. Como um pai vai dizer isso, hoje, a um filho se, ao ligar o televisor ou o celular, a zona boêmia, o bordel inteiro, é despejado dentro de casa? Um dos desafios mais difíceis e urgentes a ser enfrentado é a formação sexual e afetiva de crianças e jovens.

Passei 22 anos nos bancos escolares e nunca as escolas que frequentei abordaram as situações-limite da vida, pelas quais todos passamos, ou haveremos de passar. A escola nunca falou em dor, perda, ruptura afetiva, falência, morte, espiritualidade. Felizmente, só estudei quatro anos em colégio religioso; os outros em escola pública. Nos quatro anos como aluno de colégio religioso, ouvi falar de doutrina cristã e moralismo, mas não da experiência de Deus, de valores evangélicos, de amor preferencial aos pobres.

A escola nunca falou de sexualidade; hoje, fala de cuidados higiênicos para evitar doenças sexualmente transmissíveis. E a educação afetiva? A educação para o amor? A relação afetiva é determinante na vida de todas as pessoas. Atualmente, a média de duração de casamentos no Brasil é de sete anos. É estranho que algo tão determinante não tenha um mecanismo educativo.

A escola, na sua tradição ocidental e brasileira, por razões históricas e cartesianas, esquece a questão da subjetividade, uma das duas dimensões essenciais do ser humano.

ENSINO RELIGIOSO

Quanto à questão da obrigatoriedade do ensino religioso, não se trata de confessionalizar nenhuma escola, mas de abrir espaço para uma dimensão inerente ao ser humano – assim como são a sexualidade e a nutrição –, que é a abertura ao transcendente. Dar o mínimo de cultura religiosa, pelo menos para que o jovem saiba quais os segmentos religiosos representados na população. Não se pode sair da escola sem saber o que é Bíblia, Alcorão, Torá; sem saber o que é candomblé, espiritismo, tradições religiosas correntes no Brasil, e o que significam, representam, propõem; quais são as suas liturgias e práticas. Trata-se de humanizar. E as religiões são tradições humanizadoras profundas.

No Ano Internacional do Voluntariado, em 2001, os segmentos religiosos foram os que mais suscitaram voluntários em todo país. Aliás, basta ver o exemplo da Pastoral da Criança, que mobiliza 150 mil pessoas, e aonde chega reduz em pelo menos 20% o índice de mortalidade infantil.

O que leva padres, freiras, pastores a ir para o interior do Brasil, sem pensar em poder? É a educação, a mística. Educação e mística que a escola deveria transmitir e a família incutir. Mas o modelo que assumimos, infelizmente, vem de uma tradição barroca, em que a imagem da escola brasileira corresponde à do anjo barroco das igrejas coloniais de Minas e da Bahia, que só tem forma do pescoço para cima; o resto é uma bola disforme.

A escola ignora as duas outras dimensões essenciais do ser humano, além da cabeça, que são a subjetividade e as mãos. Fiquei 22 anos nos bancos escolares e saí sem aprender a cozinhar – até aprendi em casa, mas não na escola –, costurar, lavar, passar, fazer pequenos reparos domésticos como, por exemplo, nos sistemas elétrico e hidráulico. Diante de um carro enguiçado, fico sem ação, sem saber o que fazer.

E ainda acham que sou culto...

A escola nunca me ensinou a plantar, a usar as mãos, porque sou filho de uma sociedade escravocrata. Nenhum país das três Américas teve um período tão longo de escravidão como o Brasil: 350 anos. Somos a segunda nação negra do mundo, depois da Nigéria, e ainda temos vergonha de assumir nossa negritude. Ao responder ao Censo, poucos negros assumem sua etnia. A maioria se declara "pardo".

Isso tudo passa para o nosso esquema escolar, é inconsciente, como é inconsciente o fato de as nossas referências, os nossos paradigmas, ainda serem contados pela versão do opressor, e não pela versão do povo brasileiro, como diz João Ubaldo em *Viva o povo brasileiro*. O exemplo mais clássico é o da Rebelião Mineira, tratada nos livros didáticos e nas salas de aula como "Inconfidência" Mineira. Pergunte ao professor de português da sua escola o que significa etimologicamente a palavra "inconfidente". Se alguém dissesse que uma amiga sua "é muito inconfidente", você continuaria confiando nela? Se fosse hoje, a Coroa daria o nome de "Deduragem Mineira". Tiradentes foi merecidamente exaltado por não delatar os companheiros e ainda bradar: "Dez vidas eu tivesse, dez vidas eu daria".

No entanto, quantos conceitos equivocados a nossa escola insiste em repassar! Ainda transmite um patrimônio cultural elitista. Por que não ensinar física com exemplos da Fórmula 1? No ensino fundamental, por que não ensinar aritmética usando os preços da feira, do supermercado? Por que não ensinar português tendo como exemplo a locução da rádio da cidade, do jornal, daquilo que é dito na TV? Por que não ensinar história baseando-se na memória dos idosos da cidade? Enfim, por que não arrancar a escola da sua ilha de espaço físico e conectá-la com a sociedade e o bairro onde está inserida?

A escola deveria se perguntar: o que temos a ver com essa favela? Tem muito a ver. A escola pode prestar serviço ao alfabetizar adultos, dar cursos rápidos sobre higiene no lar e higiene pessoal, noções que vão melhorar os índices de saúde dos moradores. Pode ministrar cursos semiprofissionalizantes de culinária, bordado, encadernação; ensinar a fazer pequenos artesanatos. Pode abrir o seu espaço físico para a comunidade carente nos tempos ociosos, à noite e nos fins de semana.

Está provado, pelo menos em São Paulo, onde moro, que nos bairros em que há espaço físico aberto à comunidade decresce o índice de violência, e aumenta onde não existe. Isso porque a garotada precisa se expandir no esporte, no debate, na música. Há conjuntos habitacionais, projetados por engenheiros e arquitetos, que não têm sequer uma quadra de futebol. Parecem enormes campos de concentração. Ora, até em presídio tem quadra de futebol. Depois se estranha jovens na droga ou usados como "aviões". Sinal de que estão saturados da promiscuidade familiar, da miséria, do estresse da pobreza.

Na favela onde morei durante cinco anos em Vitória (ES), no Morro de Santa Maria, que hoje está urbanizada, só havia barracos de madeira. Por isso, sei o que é o estresse da pobreza. Não é só a humilhação de ser pobre. É um sentimento que um índio soube expressar bem ao contar que saiu do Mato Grosso pela primeira vez e, ao chegar a São Paulo, não conseguiu entender como o gerente de um supermercado, abarrotado de alimentos, suportava ver um mendigo passar fome na calçada. E pior: ver o alimento ser jogado no lixo e não dar a quem dele necessita. Por quê? Porque na cidade tudo tem valor de troca e não de uso, ao contrário do que ocorre em uma aldeia indígena.

Outra iniciativa que a escola deveria assumir, além da transmissão do patrimônio cultural, é despertar as potencialidades espirituais. Isso não é fácil, porque estamos no mundo da competitividade, e valor espiritual é gerar generosidade, cuidado, cumplicidade, solidariedade. A minha geração, a que tinha 20 anos na década de 1960, foi educada com paradigmas altruístas. Hoje, quais são os paradigmas da garotada? O exterminador do passado, do presente, do futuro; o Rambo. Deve-se esperar que o garoto se levante no ônibus para dar lugar à mulher grávida ou ao idoso?

Que paradigma pauta as pessoas atualmente? O que consta nos livros das tradições espirituais ou no das revistas que se limitam a mostrar fotos da intimidade de personalidades e famosos?

Fukuyama, um dos ideólogos do neoliberalismo, declarou que "a história acabou". Para quem é cristão, acreditar que a história acabou, e que o mundo vai ser sempre assim, com pequenas modificações, é pecado mortal, pois significa ignorar uma das três virtudes teologais: a da esperança. Ao dizer isso, Fukuyama afirma: "Acabou a espinha dorsal da cultura ocidental, que cria utopias transformadoras, utopias libertárias." Em outras palavras, todos fomos educados na noção de que tudo tem começo, meio e fim, ou na ideia de que tempo é história. Essa é uma herança dos hebreus que, por sua vez, a herdaram dos persas. Três grandes paradigmas da cultura ocidental – Jesus, Marx e Freud – são judeus, e só podem ser entendidos se concebermos o tempo como fenômeno histórico, e não como mero fenômeno cíclico, como faziam os gregos.

Javé, que é "o Deus de Abraão, Isaac e Jacó", se destaca naquele mundo politeísta como um Deus que tem história, que se apresenta com *curriculum vitae*, e isso é muito importante. A descrição da Criação no *Gênesis* tem caráter histórico. Isso, para os gregos, era absurdo: como Javé é onipotente, se não criou o mundo como Nescafé, instantâneo? Um Deus verdadeiramente poderoso é como Nescafé. Criar a prazo é incompetência...

Ora, criar a prazo já refletia a dimensão de historicidade no mundo natural, antes do surgimento do ser humano. A concepção de historicidade é muito forte na tradição hebraica. Como sugere Freud, na terapia convém resgatar a nossa história pessoal e, se possível, inclusive a fase intrauterina. Já Marx assinala que não se pode entender a crítica ao sistema capitalista sem resgatar as formações sociais anteriores, os modos de produção.

O neoliberalismo insiste em desistorizar o tempo. E isso é grave. É grave porque tem a seu favor a era imagética, hegemonizada pelo entretenimento. As imagens da mídia fundem os tempos – passado, presente e futuro –, e criam nas novas gerações a sensação de que é tudo aqui e agora. Daí a dificuldade delas estabelecerem projetos de vida. É a curtição do momento, a expressão usada pelos jovens quando mal começam a namorar: *ficar*.

Outro dia, cheguei à casa de um amigo; a filha namorava um rapaz há tempos. O rapaz não se encontrava, e perguntei:

"E seu namorado, Emília?" Ela respondeu: "Resolvemos dar um tempo; estávamos começando a se gostar." Isso retrata o que afirmo. O neoliberalismo *desistoriza o tempo* e as pessoas têm medo de estabelecer projetos.

Temos princípios e valores, como peças de roupa no quintal, mas o neoliberalismo suprime o varal. Quem tem projeto conjugal, profissional, educativo, religioso sabe que vai passar por momentos muito bons, felizes, e também por momentos difíceis; mas o que o sustenta e motiva é o projeto.

Quando penso em meus pais que, em 2001, completaram 60 anos de casados, me pergunto: o que os manteve unidos por tanto tempo? O projeto família; o princípio de que era possível construir uma relação familiar. Agora, sem essa dimensão de historicidade do tempo, a espinha dorsal da cultura desaba e ficamos vulneráveis ao consumismo e à desesperança. Temos dificuldade de pensar a médio e longo prazos.

Como o Muro de Berlim desabou e soterrou as utopias libertárias, a única alternativa que, hoje, o Ocidente oferece à busca de um sentido para existência, fora do consumismo desenfreado ou virtual, são as experiências religiosas. Algumas até mais consumistas que o próprio consumismo comercial; outras, realmente respondem à demanda. Como dizia Rimbaud, no início do século XX: "Há, no mundo, uma grande gula de Deus." E isso é um fenômeno positivo, com o qual a educação também tem que saber lidar e trabalhar.

EDUCAÇÃO PARA
OS VALORES

Há outro desafio: como resgatar os valores éticos da vida social? É difícil, porque o neoliberalismo inverte a equação dos valores. Segundo economistas clássicos do século XIX, a equação é: ser humano – mercadoria – ser humano. Eu, ser humano, visto uma camisa, um produto para facilitar a minha sociabilidade. Seria estranho se eu estivesse sem camisa distante de uma piscina ou praia. Portanto, o resultado final é a minha humanização na relação social. O neoliberalismo inverte a equação, que passa a ser: mercadoria – ser humano – mercadoria. É a grife da camisa que visto que me imprime mais ou menos valor. Se eu chegar à sua casa de ônibus, tenho um valor Z; se chegar de BMW ou Mercedes-Benz, tenho um valor A. Sou a mesma pessoa, mas a mercadoria que me reveste é que me imprime valor.

Isso ocorre também na relação mais pessoal, na criança que se sente com mais valor por ter acesso ao consumo inacessível a seu colega. E ninguém ensina a eles que o valor não está no fato de ter ou não um tênis de marca. Sofrem quando não têm e se sentem abençoados quando têm.

Ao viajar à Europa e visitar uma pequena cidade que ostenta uma catedral, com certeza essa cidade tem história. Na Idade Média, quando uma cidade queria ganhar status, a comunidade fazia sacrifícios e construía uma catedral. E a população se sentia com a autoestima melhorada: "Agora temos uma catedral." Hoje, quando os moradores de uma cidade querem melhorar a autoestima, constroem um shopping center, a catedral do consumo. A maioria possui linhas arquitetônicas de catedrais estilizadas, e você não pode ir ao shopping com qualquer roupa, deve vestir roupa de domingo, para andar por aqueles claustros, ouvir o gregoriano pós-moderno (aquela musiquinha de consultório), contemplar as várias "capelas" com os veneráveis objetos de consumo acolitados por belíssimas sacerdotisas. Se não pode comprar, você se sente no inferno. No purgatório, se entra no cheque especial, no cartão de crédito. No céu, se compra à vista; e todos se irmanam na mesa pós-eucarística do McDonald's... Esse é um processo deseducativo, real, introjetável, voraz, que trai os nossos propósitos da escola. Como lidar com isso?

Outro dever da escola é despertar a reflexão crítica. Lidamos com isso, por exemplo, não só levando textos para a sala de aula, mas também imagens. Chegou a hora de discutir na sala de aula o clipe publicitário, o capítulo da novela, o programa de humor. Porque a única maneira de desenvolvermos uma consciência crítica diante da imagem é refletir sobre ela, educar o olhar.

É a pedagogia que tive na adolescência, a dos cineclubes, onde aprendíamos, no debate após o filme, a discernir o que é enlatado, entretenimento, e o que é cinema de arte, criação. Isso tem de ser feito com a TV, a internet, o celular, para que um dia a sociedade brasileira exija do Estado cobrar dos patrocinadores, que sustentam a TV aberta, respeito a um código de ética mínimo, ou começar a sabotar suas marcas e a não comprar seus produtos.

Outro desafio da escola é a formação do cidadão, da cidadania. Formar sujeitos históricos, pessoas capazes de mudar a realidade. Nas novas gerações, muitos parecem só se preocupar em mudar a si mesmos: pôr piercings, tatuagens, pintar o cabelo de azul ou cor-de-rosa, usar jeans rasgado. Não pensam em modificar o mundo, nem resgatar a utopia de "um outro mundo é possível", ao contrário do Fórum Social Mundial.

Como fazer isso? Levando a escola a ser também protagonista social, tornando-a não só solidária, mas militante. Como fazer da escola um laboratório de formação política, com P maiúsculo, se em um ano eleitoral sequer se promovem debates entre representantes dos vários partidos (para que ninguém acuse a escola de partidarismo, de privilegiar tal ou qual candidato)? É preciso estimular essas discussões, ainda que os partidos não compareçam. Pelo menos a escola terá a certeza de que fez a sua parte: todos foram convidados.

Como criar uma escola-cidadã, se o corpo docente não tem seminários e oficinas permanentes para estabelecer um projeto estratégico pedagógico comum?

Não há saída para a educação brasileira sem um grande mutirão em prol de uma nova política educacional. Enquanto os municípios forem tratados com descaso pela União, com esmolas, enquanto fazem das tripas coração por uma questão de honradez, de ética, de probidade administrativa nada mudará.

Vejo, pelo interior do Brasil, o heroísmo de professoras voluntárias, mestres que se desdobram, pessoas que cedem ônibus, carros, caminhonetes, caminhões, para transportar alunos até a escola. A educação não terá futuro se a rede de municípios brasileiros continuar a aceitar esse descaso. É preciso uma nova política educacional para o Brasil.

EDUCAÇÃO E
FASCÍNIO DA FAMA

Revestir uma pessoa de fama precoce é correr o risco de destruí-la. Nem para adultos é fácil lidar com perdas. Todos nós construímos relações familiares e sociais, e uma autoimagem adornada por funções, posses e talento. Basta um dos aspectos ficar arranhado para irromper a insegurança.

Por isso, o desemprego, que aumenta com as políticas neoliberais, é tão humilhante. Perdem-se a identidade social, a segurança quanto à sobrevivência da família e a qualidade de vida. Já reparou quando nos apresentam a uma pessoa? Não é suficiente saber-lhe o nome. Há curiosidade em conhecer o que faz e em que trabalha. A falta de emprego é como o chão que se abre sob os pés. Cai-se no vazio. Entra-se em depressão. Porque emprego significa salário que, por sua vez, representa a possibilidade de pagar aluguel, alimentação, saúde, educação etc.

Há pais que nutrem nos filhos falsos ideais: destacar-se como modelo em uma passarela; tornar-se desportista de projeção; alcançar fama como atriz ou ator. O sonho congela-se em ambição, e a criança passa a dar-se uma importância ilusória. Ainda que obtenha quinze minutos de fama, como dizia Andy Warhol, os tempos de vazio na plateia são infinitamente maiores que os momentos de aplausos.

O adolescente mergulha no estresse de corresponder à expectativa. Tem de provar a si e aos outros que é capaz, é o melhor, ou a mais charmosa e inteligente. Passa, então, a viver, não em função dos valores que possui, mas do olhar do outro. Convencido de que é "o cara" – e incapaz de enfrentar o desmoronamento de seu castelo de areia – recorre ao sonho químico, à viagem onírica, ao embalo das drogas.

A família, perplexa, se pergunta: como foi possível? Logo ele, tão inteligente! Foi possível porque a família considerou-o um adulto precoce. Exigiu voo de quem ainda não tinha asas crescidas. Deixou de dar-lhe atenção, colo, carinho. Os diálogos em casa passaram à instância da mera funcionalidade: mesada, compras, viagens, problemas escolares, pequenas exigências da administração do cotidiano.

A culpa é de quem? Da sociedade que cultua certos detalhes, criando uma estética do consumo: moça loura e magra, executivo de carro importado, locutor com sotaque carioca, atriz em sua mansão com piscina, férias na Disney etc.

A construção da personalidade é um jogo de relações e comparações, arte mimética de abraçar como modelo aquele que merece a nossa admiração. A estética do consumo rejeita a ética dos valores. O sucesso tudo justifica: o adultério virtual, o cantor negro que se metamorfoseia de branco, os negócios escusos do empresário notoriamente corrupto.

Famílias e escolas deveriam educar seus alunos para lidar com perdas. Afinal, morrem não só pessoas, mas também sonhos, projetos, possibilidades. A mídia deveria dar destaque a pessoas altruístas. Contudo, como esperar que enfatize a solidariedade em um mundo regido pela competitividade? Como falar de modéstia em tempos de exibicionismo? Como valorizar a partilha se tudo gira em torno da lógica da acumulação?

Cada povo tem o desgoverno que merece. As drogas não se transformaram na peste do século só por culpa do narcotráfico. São uma quimérica tábua de salvação nessa sociedade que relativiza todos os valores e carnavaliza até a tragédia humana.

Não se culpe indagando onde você errou como professor ou pai. Pergunte-se pelos valores da sociedade em que vive. Em que medida tais valores, invertidos e pervertidos, não se impregnaram também em nossas cabeças, envenenando-nos a alma?

Inútil fechar-se no pequeno mundo doméstico e julgar-se tão protegido quanto Robinson Crusoé em sua ilha. Somos uma teia de relações. O fluxo mundial invade o lar, a mente, o espírito, através da TV, do computador, do celular, da publicidade e da mídia. Quanto mais considero que a política é o reino privado dos políticos, no qual não pretendo entrar nem influir, tanto mais muitos deles, acólitos do dinheiro, configuram esse modelo de sociedade em que o sucesso predomina sobre o trabalho, a riqueza sobre a honestidade, a estética sobre a ética.

Uma sociedade doente produz, inevitavelmente, seu clone no interior de cada família, pois o fruto tem sua raiz na árvore. Quanto mais sadia uma sociedade, mais sadias as pessoas. Mas para isso são precisos valores e o fim da exclusão social.

III. PARA QUE SERVE A EDUCAÇÃO?

BRASIL: EDUCAÇÃO OU BARBÁRIE

Educação não se restringe à escola. É papel também da família. Igrejas, comunidades, movimentos sociais, ONGs, associações, sindicatos, partidos políticos exercem também uma ação educativa na medida em que nesses grupos as pessoas aprendem a participar, a se relacionar com as outras, a valorizar o trabalho em comum. Porém, como é possível, nesse contexto crescente de miséria, insegurança, instabilidade, ausência de pai ou mãe, garantir aos filhos e às filhas as bases de uma educação adequada?

No Brasil, os professores ganham mal, as escolas carecem de equipamentos adequados, não se investe na formação do corpo docente, e muitos alunos, devido à pobreza, são obrigados a conciliar trabalho e estudo, ou a abandonar o estudo para ajudar na subsistência da família.

Entre os novos perfis dos analfabetos brasileiros, destacam-se os "analfabetos pós-modernos", que não sabem usar cartões magnéticos, escada rolante, aparelhos eletrônicos, ler manuais ou contratos. Há também os "analfabetos televisivos", que não conseguem ler jornal ou livro (basta conferir a ínfima tiragem de publicações no Brasil, comparada a outros países).

Há ainda os "analfabetos do economês", que não entendem cobranças, balanços, taxas, nem a linguagem dos bancos e da mídia especializada no setor.

Se o governo tivesse vontade política de não deixar "nenhuma criança fora da escola", bastaria adotar o programa Bolsa Escola, implantado em Brasília pelo governo Cristovam Buarque. O programa retirou das ruas 20 mil crianças e reduziu significativamente a evasão escolar.

Outra medida seria punir criminalmente quem emprega mão de obra infantil. Para isso, o governo precisaria, primeiro, oferecer escolas a todos, pondo fim a vergonhas nacionais como filas de matrícula e sorteios de vagas. E implementar uma política de combate ao desemprego.

De que vale a escola se não forma para a cidadania e a democracia? No entanto, quantas incentivam a participação em grêmios e diretórios estudantis, cineclubes e ciclos de palestras, trabalhos voluntários e engajamento em campanhas de interesse social?

Por que o currículo não obriga nossos estudantes a fazerem estágios em hospitais, fábricas, Defesa Civil e serviços de assistência a favelas? Talvez contribuísse para torná-los menos elitistas e mais altruístas.

Aprendi literatura na escola. A ler livros. Só que, hoje, é imprescindível uma disciplina que ensine a ver TV e a lidar com a internet e o celular. Sem olho crítico tornamo-nos vulneráveis à massificação consumista, por um lado, e à idiotice, por outro.

A TV é, hoje, um importante fator de (des)educacão. Por isso, deve ser controlada pela sociedade. Nem censura do Estado, nem ditadura das emissoras. Só a quebra do atual monólogo e a introdução de canais de diálogo entre público e mídia permitirão o aprimoramento da educação para a democracia.

Somos uma nação marcada pela pobreza. Sem investimento em nossos recursos humanos, estaremos condenados à barbárie. Só o descaso político pode explicar o fato de ainda serem estranhos à nossa rede escolar educadores como Piaget, Vygotsky, Wallon e Paulo Freire.

GERAÇÃO PÓS-MODERNA

A pós-modernidade não nega a modernidade; antes, celebra suas conquistas, como o positivismo entranhado nas ciências, a razão tecnocientífica a pontificar sobre a intuição e a inteligência, o triunfo do capitalismo em suas versões neoliberal e, agora, neofascista, sexista, antiecológico, contrapondo, por via da guerra, o fundamentalismo econômico – o capital como valor supremo – ao fundamentalismo religioso.

Frente ao darwinismo socioeconômico, a cultura mergulha em profunda crise. Os valores monetários do mercado se sobrepõem aos valores morais da ética. Os grandes relatos se calam, a história como processo se desacelera, as ideologias críticas agonizam. O futuro recua perante o imperativo de perenização do presente. Tudo se congela nessa ideia absurda de que a vida é "aqui e agora". A velhice é encarada como doença e a morte como abominação. A felicidade é reduzida à soma de prazeres e os bens finitos mais cobiçados que os infinitos.

Sabe-se o que não se quer, não o que se quer. As utopias ruíram com o Muro de Berlim. Maio de 1968 não logrou expandir-se além das fronteiras do corpo liberto do peso da culpa. Os projetos revolucionários quedaram como a estampa do Che pregada na parede ou reproduzida em camisetas. "E há tempos nem os santos têm ao certo/a medida da maldade./Há tempos são os jovens que adoecem./Há tempos o encanto está ausente./E há ferrugem nos sorrisos./E só o acaso estende os braços/a quem procura abrigo e proteção", canta Renato Russo.

Hegel nos ensinou a pensar a realidade, e seu discípulo, Marx, a transformá-la. Esqueceram-se do ensinamento bíblico de que é preciso fazer o coração de pedra tornar-se coração de carne. O novo, na ciência e na técnica, não fez novo o coração humano, agora assolado pelo sentimento de impotência, fatalismo e cinismo. É a cultura do grande vazio respirada pelos jovens de hoje. Caminham de Prometeu a Narciso e, no meio do percurso, deixam à margem o heroísmo de Sísifo. Não lhes importa que a pedra role ladeira abaixo, importa é desfrutar da vida.

Capitulados diante das exigências de construir o novo, olvidados Hegel e Marx, as mudanças históricas sonhadas por minha geração de 1968 agora se resumem ao corpo, à moda, aos gostos e caprichos individuais. Na prateleira, a literatura libertária é substituída por esoterismo, astrologia e autoajuda. Já que a sociedade é imutável, há que desfrutá-la. E já que não se pode mudar o mundo, ao menos há que encontrar terapias literárias que sirvam de vacina contra um profundo sentimento de frustração e derrota.

Na ânsia de eternizar o presente, buscam-se artifícios que prolonguem a vida: malhação, dietas, vitaminas, cirurgias estéticas etc. Urge manter-se eternamente jovem. Velhice, rugas, obesidade, cabelos brancos, músculos flácidos, perda de vigor juvenil e beleza física, eis os fantasmas que amedrontam a alma lúdica, luxuriosa, de quem não sabe o rumo a imprimir à existência. Como apregoa o *Manifesto hedonista* (E. Guisan 1990), "o gozo é o alfa e o ômega, o princípio e o fim".

Privatiza-se o existir, encerra-se no individualismo que se gaba de sua indiferença frente aos dramas alheios, e predomina a insensibilidade às questões coletivas. A ética cede lugar à estética. A política é encarada com nojo e a vida, como um videoclipe anabolizado por dinheiro, fama e beleza.

Surge a primeira geração sem culpa, despolitizada de compromissos, repleta de jovens entediados, céticos, insatisfeitos, fragmentados. Geração de reduzida capacidade de maravilhar-se, entusiasmar-se, comprometer-se. Uma geração desencantada: "Vivo en el número siete,/calle Melancolia,/ quiero mudarme hace años/al barrio de la alegria./Pero siempre que lo intento,/ ha salido ya el tranvía/y en la escalera me siento,/a silbar mi melodía." (J. Sabina)[1]

Agora cada um tem a sua verdade e ninguém se incomoda com a verdade do outro. Nem se deixa questionar por ela. Fala-se até em pós-verdade. O diálogo face a face é descartado em favor do diálogo virtual via internet, onde cada parceiro pode fingir o que não é e disfarçar sua baixa autoestima. Nas relações pessoais, inverte-se o itinerário de minha geração, que ia do amor ao sexo; agora, vai-se do sexo ao sexo, na esperança de que, súbito, desponte o milagre do amor.

Nesse nebuloso mundo pós-moderno, a visão é obscurecida. Perde-se a dimensão da floresta, avista-se apenas uma ou outra árvore. Assim, fica-se indignado com a violência urbana e clama-se pela redução da maioridade penal e pela pena de morte. Quem se indigna com a violência estrutural de uma nação que condena milhões de jovens à desescolarização precoce e ao desemprego?

---

[1] Tradução livre do autor: *Moro no número 7/rua Melancolia,/quero mudar-me faz anos/para o bairro da alegria./Mas sempre que me decido/o bonde já partiu/e nas escadas me sento/a assoviar minha melodia.*

Vale de (mau) exemplo a Justiça de George W. Bush, que condenou a 100 anos de prisão o soldado que, no Iraque, estuprou e matou uma jovem de 14 anos. Enquanto isso, a chuva de bombas *made in USA* tira a vida de 700 mil iraquianos, sem distinguir inocentes, crianças e idosos. Quem haverá de pagar por tamanha atrocidade?

EDUCAR PARA
A CIDADANIA

Cidadania rima com democracia. Se nem se sabe o nome do político em quem se votou nas últimas eleições, e muito menos o que andou fazendo (ou desfazendo), como participar das decisões nacionais? Assim, nossa democracia permanece meramente representativa. Dá-se um bom emprego a um político. Sem se dar conta de que são reflexos diretos da política o preço do pão, a mensalidade da escola, o aluguel, a qualidade de vida e a possibilidade de férias.

Ser cidadão é entrar em um nó de relações. Desencadear um processo socioeconômico com efeitos na qualidade de vida da população. É simples: quando se pede nota fiscal, evita-se a sonegação e aumenta-se a arrecadação pública que, em tese, permite ao governo investir em equipamentos e serviços essenciais a uma vida melhor: rodovias, hospitais, escolas, segurança etc. Quando se recusa a propina ao guarda, moraliza-se o aparato policial. Quando se protesta contra a violência e a pornografia televisivas, exigindo que a sociedade controle o conteúdo da TV e deixe de consumir produtos dos patrocinadores de programas antiéticos (não confundir com censura, praticada pelos donos das emissoras), dilata-se o processo democrático.

Cidadania supõe, portanto, consciência de responsabilidade cívica. É como a parábola do menino que, na praia, devolvia ao mar um e outro dentre milhares de peixinhos que a maré havia jogado na areia. Alguém objetou: "De que adianta? Você não poderá salvá-los todos." Ao que o menino respondeu: "Sim, sei disso. Mas este" – e mostrou um peixinho que dançava em sua mão – "está salvo." E jogou-o de volta à água.

Nada mais anticidadania do que essa lógica de que não vale a pena chover no molhado. Vale. Experimente recorrer à defesa do consumidor, escrever para os jornais e as autoridades, dar o exemplo de consciência de cidadania. Querem os políticos corruptos que passemos a eles cheque em branco para continuarem a tratar a coisa pública como negócio privado. E fazemos isso todas as vezes que torcemos o nariz para a política, com cara de nojo. Ora, quem não gosta de política é governado por quem gosta. E tudo que os maus políticos desejam é que tenhamos bastante nojo da política, para deixá-los à vontade.

Cidadania rima ainda com solidariedade. Cada um na sua e Deus por ninguém, é o que propõe a filosofia neoliberal. Sem consciência de que somos todos resultado da loteria biológica. Nenhum de nós escolheu a família e a classe social em que nasceu. Injusto é, de cada dez brasileiros, seis nascerem entre a miséria e a pobreza. Ter sido sorteado não implica uma dívida social?

A solidariedade se pratica com participação nos movimentos sociais – Igrejas, movimentos populares, sindicatos, partidos, ONGs, administrações políticas voltadas aos interesses da maioria. Uma andorinha só não faz verão. Como diz a canção, sonho de um é sonho; de muitos, vira realidade.

Se preferir deixar "tudo como está para ver como fica", não se assuste quando sofrer um assalto à mão armada ou exigirem que trabalhe mais por menos salário. Afinal, você merece, como todos aqueles que não percebem que cidadania e democracia são sempre uma conquista coletiva que depende do corajoso empenho de cada um de nós.

É preciso intensificar a educação para cidadania. É equivocada a ideia de que voluntários são pessoas que não precisam de trabalho remunerado, pois dispõem de renda. São pessoas pobres, a maioria dos que conheço, ou remediadas que, além de seus trabalhos profissionais, dedicam tempo a obras assistenciais ou a movimentos sociais. Espalhada pelo país, há uma imensa rede de creches, asilos, escolas informais para crianças carentes, hospitais, oficinas de arte e artesanato, cooperativas etc., que contam com a participação de homens e mulheres que, ali, sentem-se felizes por fazerem outros felizes.

A dificuldade de se obter voluntários é maior na classe alta que, objetivamente, dispõe de tempo e recursos para ajudar os mais pobres. É como se a educação para o egoísmo, em função da preservação do patrimônio, prevalecesse sobre a educação para o altruísmo. Quando muito, um chá para angariar fundos a pedido de uma primeira-dama. Nada de contato com pobres, "essa gente fedorenta que só sabe pedir...", como ouvi da boca de um executivo.

Há exceções, em geral pessoas que passaram por algum trauma – doença, separação, morte de um filho –, e descobriram que a solidariedade é o melhor remédio para angústias individuais. Como ensinava Charles de Foucauld, encucações são luxo para quem não se preocupa com o problema dos outros. O amor ao próximo é a melhor terapia, baseada em motivação ética ou espiritual.

Recordo a minha alegria infantil ao distribuir, num hospital pediátrico, brinquedos e roupas que me sobravam no armário. Hoje, muitas escolas mantêm parcerias com associações de favelas e movimentos populares, educando seus alunos em serviços à população de baixa renda, como alfabetização, teatro e aprendizado de habilidades profissionais. Uma delas promove, todo fim de ano, excursão dos formandos ao Vale do Jequitinhonha (MG), onde passam um mês prestando auxílios de saúde e educação. E, nesses casos, quem vai para ensinar retorna repleto de novas lições aprendidas.

Muitos se queixam de que o mundo vai mal, o governo é incompetente, os políticos oportunistas. Mas o que faço para melhorar as coisas? Nada mais caricato que o sujeito que fica sentado, arvorando-se em juiz de tudo e de todos. É, no mínimo, um chato.

Havia em São Paulo um travesti, Brenda Lee, que batizei de Cleópatra em meu romance *Alucinado som de tuba* (Ática). Antes de morrer assassinado, ocupou-se de cuidar de seus companheiros contaminados pela AIDS. Não esperou que o poder público o fizesse. Transformou a pensão em que morava em hospital de campanha. Foi a primeira pessoa física a obter, na Justiça, verba pública para a sua iniciativa.

O dilema é educar para a cidadania ou deixar-se "educar" pelo consumismo, que rima com egoísmo.

EDUCAR PARA
A FELICIDADE

O que as pessoas mais buscam na vida? O velho Aristóteles foi o primeiro a dar a resposta: a felicidade, mesmo ao praticarem o mal.

A busca da felicidade nasce do desejo, e o desejo deveria estar canalizado para o Absoluto. Porém, a cultura consumista que respiramos nos induz a canalizá-lo para o absurdo, e não para o Absoluto. Impinge-nos a falsa ideia de que a felicidade resulta da soma de prazeres – se tomarmos esta bebida, vestirmos esta roupa, usarmos este perfume, possuirmos este carro, fizermos esta viagem, seremos felizes como atores e atrizes da peça publicitária, que exalam exuberante felicidade...

Graças a Deus, o mercado não consegue oferecer o produto chamado felicidade. E é impossível saciar o desejo estimulado pela publicidade. E ainda que pudéssemos comprar todas aquelas ofertas, não seríamos necessariamente felizes. Isso gera enorme buraco no coração. E onde parcela da juventude tenta preencher esse buraco? Na droga.

A droga é a consequência óbvia de uma sociedade que mercantilizou a felicidade e incute nas pessoas a falsa ideia de que ela reside na posse de bens materiais e em situações que exaltam a individualidade, como fama, beleza, poder e riqueza. Quem não alcançar tais ícones, será o mais infeliz ou desgraçado dos mortais.

A felicidade é um estado de espírito. Não costumamos ser educados para alcançar esse estado de espírito, e sim para ser consumistas. São dois seres antagônicos, conflitantes.

Onde, então, encontrar a felicidade? Nos aditivos químicos? Eles oferecem, momentaneamente, bem-estar de consciência. Embora não seja durável, é melhor do que se deparar no espelho com esse ser execrável, incapaz de ser feliz, de estabelecer relações com pessoas, natureza, Deus e consigo mesmo.

Ora, a escola deve ter, entre suas finalidades, formar pessoas felizes, e não apenas mão de obra qualificada para o mercado de trabalho. Cabe a ela interagir com o contexto em que vivemos.

Uma grande empresa multinacional, de auditoria financeira, abriu, em São Paulo, 20 vagas para economistas com menos de 35 anos. Apareceram 200 candidatos. Houve uma primeira seleção; sobraram 100. Ao entrar na sala, às 8h da manhã, o instrutor disse: "Bem-vindos vocês que passaram na primeira seleção. Vamos agora à segunda. Antes de iniciarmos os testes, por favor, fiquem de pé todos aqueles que, hoje de manhã, não viram, ouviram ou leram noticiário no rádio, na TV, nos jornais ou na internet."

Mais da metade ficou de pé. "Muito obrigado. Os senhores e as senhoras estão dispensados, podem ir embora", disse o instrutor. "Mas por quê?", reagiram alguns. "Não interessam à nossa empresa profissionais indiferentes ao que ocorre no Brasil e no mundo, desconectados da realidade."

O papel da educação é conectar educandos e educadores com a realidade, e imprimir às suas vidas o sentido de transformá-las para criar as bases da civilização do amor e da justiça.

PARA QUE SERVE A EDUCAÇÃO?

Uma educação crítica e participativa é capaz de reproduzir as bases materiais e espirituais de uma sociedade alicerçada na solidariedade.

A educação detém o poder de destronar uma racionalidade dominante para introduzir outra, desde que não seja meramente teórica e se vincule a processos efetivos de produção material da existência.

Não diferimos dos animais apenas por nossa capacidade de pensar, e sim pela capacidade de reproduzir nossos meios de sobrevivência.

Uma educação libertadora é a que almeja conquistar hegemonia por consenso, por práticas efetivas, e não por coerção ideológica. Deve abranger todas as disciplinas escolares, das ciências exatas à educação física, superando as relações fundadas na economia de trocas pelas que são regidas pela economia solidária, baseada na cooperação.

As relações mercantilistas influem nas concepções daqueles que as adotam ou se deixam reger por elas. Tais relações acentuam o individualismo e induzem os educandos a acreditar que o mercado obedece a uma "lei natural", e que fora dele não há alternativa... É isso que nos leva a, literalmente, forçar a natureza, por meio de produtos químicos, a nos fornecer seus frutos o quanto antes.

Há que perguntar: para que serve a educação? Para adaptar os educandos ao status quo? Para transmitir o patrimônio cultural da humanidade como se ele resultasse da ação destemida de heróis e gênios? Para formar mão de obra qualificada ao mercado de trabalho? Para adestrar indivíduos competitivos?

Uma educação crítica e solidária engloba todos os atores da instituição escolar: alunos, professores, funcionários e suas respectivas famílias. E ultrapassa os muros da escola para se vincular participativamente ao bairro, à cidade, ao país e ao mundo.

As portas da escola devem permanecer abertas a movimentos sociais, atores políticos, artistas, trabalhadores. E a ótica de seu processo pedagógico enfatiza esta verdade que a lógica mercantilista tenta encobrir: tanto a evolução da natureza quanto a história da humanidade têm seus fundamentos muito mais centrados na cooperação, na solidariedade, que na seleção natural, na competitividade e na exclusão.

O valor da escola se mede por sua capacidade de inserir educandos e educadores em práticas sociais cooperativas e libertadoras. Por isso, é indispensável que a escola tenha clareza de seu projeto político pedagógico, em torno do qual deve prevalecer o consenso de seus educadores. Sem essa perspectiva, a escola corre o risco de ficar refém da camisa de força de sua grade curricular, como mero aparelho burocrático de reprodução bancária do saber.

Reinventar o futuro é começar por revolucionar a escola, transformando-a em um espaço cooperativo no qual se intercalem a formação intelectual (consciência crítica), científica e artística de protagonistas sociais comprometidos eticamente com o desafio de construir outros mundos possíveis, fundados na partilha dos bens da Terra e dos frutos do trabalho humano.

POR UMA EDUCAÇÃO
PROTAGONISTA

A educação crítica e participativa é o grande desafio nesse mundo hegemonizado pelo capitalismo neoliberal. Tem como princípio formar, não apenas profissionais qualificados, mas cidadãos protagonistas de transformações sociais. Extrapola os limites físicos da escola e vincula educadores e educandos a movimentos sociais, sindicatos, ONGs, partidos políticos; enfim, a todas as instituições que desempenham atividades de transformação social.

A educação crítica e participativa só se desenvolve em sintonia com os processos reais de emancipação em curso e as reflexões teóricas que fundamentam tais processos.

Deve levar em conta o intercalar de três tempos: o tempo das estruturas (mais longo); o tempo das conjunturas (mais imediato e mutável); e o tempo do cotidiano (no qual vivenciamos o conflito permanente entre a satisfação de interesses pessoais e a consciência das demandas altruístas).

O *tempo das estruturas* deve ser objeto da educação escolar. Ele nos remete à história da história, aos grandes processos sociais com seus avanços e recuos.

Quanto mais educadores e educandos são conscientes do tempo estrutural, mais se contextualizam e se compreendem como herdeiros de uma história que, entre dificuldades, avança da opressão à libertação.

Ter consciência do *tempo das estruturas* é ter consciência histórica, e não se deixar afogar no mar de contradições dos tempos de conjunturas e do cotidiano. Cada um de nós é um pequeno elo na vasta corrente do processo social. Só tendo consciência da amplitude da corrente apreendemos a importância do elo que somos. Uma educação que não se abre para o tempo das estruturas corre o sério risco de ser cooptada pela estrutura mundialmente hegemônica.

O *tempo das conjunturas* é o das mutações cíclicas que produzem inflexões nas estruturas sem, no entanto, alterá-las substancialmente. O acúmulo de conjunturas influi na mudança do tempo das estruturas. O grande desafio é como se comportar em determinada conjuntura de modo a aprimorar ou transformar a estrutura.

O *tempo do cotidiano* é o do dia a dia, no qual trafegamos e tropeçamos, movidos por ideais altruístas, solidários e, ao mesmo tempo, atraídos pelas seduções do comodismo e do individualismo.

É no *tempo do cotidiano* que a educação atua, e permite uma compreensão crítica da conjuntura e desperta o imperativo de se comprometer com a transformação da estrutura.

Nesse tempo cotidiano, vivemos imersos, muitas vezes movidos por utopias libertárias e, ao mesmo tempo, desanimados ao reconhecer, a cada dia, que a matéria-prima do futuro é humana, sempre frágil, ambígua e contraditória.

A formação da consciência crítica e do protagonismo social resulta de um processo pedagógico que intercala os três tempos, de modo a evitar a mesquinhez de um cotidiano que nem sempre reflete os valores em nome dos quais o assumimos e queremos educar.

IV. TEMAS POLÊMICOS – DESAFIO À EDUCAÇÃO

ESCOLA SEM PARTIDO?

Nada mais tendencioso do que o Movimento Escola Sem Partido. Acusa as escolas de abrir espaços a professores esquerdistas que doutrinam ideologicamente os alunos.

Uma das falácias da direita é professar a ideologia de que ela não tem ideologia. E que a de seus opositores deve ser rechaçada. O que é ideologia? São os óculos que temos atrás dos olhos. Ao encarar a realidade, não vejo meus próprios óculos, mas são eles que me permitem enxergá-la. A ideologia é esse conjunto de ideias que fundamentam nossos valores e motivam nossas atitudes.

Essas ideias não caem do céu. Derivam do contexto social e histórico no qual se vive. Esse contexto é forjado por tradições, valores familiares, princípios religiosos, meios de comunicação e cultura vigente.

Não há ninguém sem ideologia. Há quem se julgue como tal, assim como há quem se considere acima de qualquer suspeita. Como ninguém é juiz de si mesmo, até a minha avó de 102 anos tem ideologia. Basta perguntar-lhe o que acha da vida, da globalização, dos escravos, dos homossexuais etc. A resposta será a ideologia que rege sua visão de mundo.

A proposta da Escola Sem Partido é impedir que os professores eduquem seus alunos com consciência crítica. É trocar Anísio Teixeira, Lauro de Oliveira Lima, Paulo Freire, Darcy Ribeiro e Rubem Alves por Cesare Lombroso e Ugo Cerletto.

Ninguém defende uma escola partidária na qual, por exemplo, todos os professores comprovem ser simpatizantes ou filiados a um partido de esquerda. Mesmo nessa hipótese haveria pluralidade, já que a esquerda é um baú de tendências ideológicas que reúne desde ardorosos defensores do agronegócio a esquerdistas que propõem a estatização de todas as instituições da sociedade.

Não faz sentido a escola se aliar a um partido político. Muito menos fingir que não existe disputa partidária, um dos pilares da democracia.

A cada dois anos, temos eleições. Deve a escola ignorá-las ou convidar representantes e candidatos de diferentes partidos para debater com os alunos? O que é mais educativo? Formar jovens alheios à política ou bem informados, conscientes, comprometidos com projetos por um mundo melhor?

Na verdade, muitos "sem partido" são partidários de ensinar que nascemos todos de Adão e Eva; homossexualidade é doença e pecado (e tem cura!); diversidade de gênero é teoria promíscua; e o capitalismo é o melhor dos mundos.

Enfim, é a velha artimanha da direita: se não convém mudar a realidade, vamos acobertá-la com palavras. E que não se saiba que desigualdade social decorre da opressão sistêmica; a riqueza, do empobrecimento alheio; a homofobia, do machismo exacerbado; a leitura fundamentalista da Bíblia, da miopia que lê o texto fora do contexto.

Recomenda-se aos professores de português e literatura da Escola Sem Partido omitirem que Adolfo Caminha publicou, em 1895, no Brasil, *Bom crioulo*, o primeiro romance gay da história da literatura ocidental; proibirem a leitura dos contos "D. Benedita" e "Pílades e Orestes", de Machado de Assis; e evitar qualquer debate sobre os personagens de *Dom Casmurro*, pois alguns alunos podem deduzir que Bentinho estava mais apaixonado por Escobar do que por Capitu.

"IDEOLOGIA DE GÊNERO"

"**H**á mais coisas entre o céu e a Terra do que supõe nossa vã filosofia", afirmou Shakespeare. Na versão tupiniquim do Barão de Itararé, "há qualquer coisa no ar além dos aviões de carreira".

Isso se aplica à sexualidade pós-moderna. Embora sejamos todos, por nascimento, do sexo masculino e feminino (ou hermafrodita), há mais gêneros sexuais do que hétero e homossexual.

A homossexualidade é, hoje, considerada, pela maioria dos países do Ocidente e pela Igreja Católica, uma tendência natural do ser humano. Foi banida da lista de doenças mentais da Organização Mundial da Saúde (1993) e, no Brasil, do Conselho Federal de Psicologia. Embora alguns evangélicos insistam em qualificá-la de "demoníaca" e prescrevam a "cura gay"...

Trabalhei o tema com educadores da Rede Azul, que congrega, em São Paulo, uma dezena de escolas. Há quem enumere mais de cinquenta gêneros sexuais, além de transexuais, bissexuais, HSH etc.

Quando se fala em "ideologia de gênero", passa-se a impressão de que o conceito deriva de uma cabeça pornográfica, sem refletir a realidade. Certos pais e professores fazem de conta que acreditam na heterossexualidade de seus jovens, deixando-os à deriva em práticas sexuais outrora encobertas pelo moralismo, o tabu e o preconceito.

Família e escola costumam silenciar quando se trata de temas radicais (de raiz) da vida, como sexo, dor, morte, fracasso, ruptura conjugal, falência etc. Não raramente, ensinam educação sexual como meras aulas de higiene corporal para se evitar doenças sexualmente transmissíveis. O fundamental não é abordado: a constituição do amor como vínculo afetivo e efetivo.

Os nascidos no século XXI se iniciam na vida sexual em idade mais precoce do que as gerações do século XX. Meninas transam com meninas, meninos com meninos, sem que isso expresse necessariamente uma identidade sexual. "Ficar", "selinho", rotatividade de parceiros, tendem a banalizar o sexo, praticado como se fosse um esporte prazeroso, sem o peso da culpa ou envolvimento emocional para se impor como projeto de vida a dois.

Essa revolução sexual é benéfica, porque permite aos vários gêneros sexuais se manifestarem sem temor nem culpa. Ou, como se diz, "saírem do armário". Outrora, pesavam contra eles a noção de pecado e a velha moral burguesa que privatiza os "bons costumes" e publiciza a degradação da mulher (o mesmo empresário que proíbe a filha de usar roupas insinuantes, patrocina o programa ou o anúncio no qual a mulher é reduzida a objeto de deleite machista).

O que fazer? Liberar geral, com todos os riscos de AIDS e gravidez indesejada? Resgatar o moralismo, reaquecer o fogo do inferno e estimular a homofobia e o genocídio de LGBTs. Todos?

Há que se ir ao cerne da questão: formar a subjetividade. O jovem que se droga clama: "Não suporto essa realidade. Quero ser amado!" A jovem que transa com diferentes parceiros grita: "Quero ser feliz!" Porém, ninguém ensinou a eles que a felicidade não resulta da soma de prazeres. É um estado de espírito do qual se desfruta mesmo em situações adversas. E requer algo que os jovens buscam intensamente sem encontrar quem lhes ofereça: espiritualidade como abertura à dupla relação: amorosa (uma pessoa, uma causa, um projeto de vida) e à transcendência. Não confundir com religião. Esta é a institucionalização da espiritualidade, como a família é do amor.

Pretender evitar a promiscuidade sexual dos jovens sem educação da subjetividade (e há excelentes ferramentas, como filmes, romances e poesias) é esperar que alguém seja honesto sem estar impregnado de valores éticos.

SEXO E AFETO

Os jovens brasileiros tendem a iniciar a vida sexual mais cedo (entre 11 e 14 anos) e consideram desimportante a virgindade. Mas nem sempre se protegem contra as DST (doenças sexualmente transmissíveis) e a AIDS, e tendem a discriminar os homossexuais.

Pesquisa no Ceará indicou aumento da gravidez precoce e diminuição dos casos de aborto. As meninas, com certeza induzidas por exemplos televisivos, preferem assumir a "produção independente", ainda que haja riscos de abandono da escola, ingresso na prostituição e mais criança na rua. Em pesquisa da Unesco, 14,7% das entrevistadas admitiram ter engravidado pela primeira vez entre 10 e 14 anos.

O Unicef constata que a educação escolar de uma menina equivale, na América Latina, em termos de efeitos sociais, à educação de cinco meninos. Quanto mais escolaridade da mãe, menor o índice de natalidade e maior o período de vida do filho. São as mães que assumem, sempre mais, a chefia da família e transmitem valores aos filhos.

Os jovens se queixam de ter poucas fontes de conhecimento da sexualidade. Só nas últimas décadas é que as escolas começaram a introduzir o tema em salas de aula, assim mesmo com ênfase na higiene corporal, tendo em vista as DST.

O melhor seria a TV, com o seu poder de irradiação, entrar em detalhes a respeito do tema. Mas nem sempre interessa tratar sexo e afeto às claras. O tabu reforça o mistério, que excita a imaginação, alimenta o voyeurismo, atrai milhares de telespectadores à exibição de produtos que imprimem à sexualidade o sabor libidinoso da pornografia. E haja delegacias de mulheres, e proliferação de assédios e estupros, somados ao preconceito aos homossexuais!

Outro dia deparei-me, num hospital público, com uma menina de 13 anos, toda machucada. Havia sido espancada pela mãe, que não aceitou vê-la grávida. E ficou revoltada quando a menina declarou não saber quem é o pai. Havia participado da dança do "trenzinho" em baile funk: adolescentes de ambos os sexos, em fila, os meninos de braguilha aberta e as meninas sem calcinhas.

O que me choca não é tanto o ritual orgíaco. Mas a carência, o vazio, a busca desenfreada de afeto reduzida àquela espécie de "roleta russa". Não se trata de imoralidade, e sim de amoralidade, como entre os répteis. Por não assumir valores, cultivar o espírito e fazer projetos.

Nos escombros da modernidade, tudo é aqui e agora. E quando o desemprego, o baixo nível da educação, a violência, a desagregação familiar, nos fecham as cortinas do horizonte da felicidade, o jeito é apelar para o prazer imediato, epidérmico, já que a vida parece se reduzir a um jogo de sobrevivência e a morte pode estar nos espreitando na próxima esquina.

MORTE, TEMA TABU

Entre crianças de seis anos de idade convidadas a escrever cartas a Deus, uma delas propôs: "Deus, todo dia nasce muita gente e morre muita gente. O Senhor deveria proibir nascimentos e mortes, e permitir a quem já nasceu viver para sempre."

Faz sentido? Seriam evitados a superpopulação do planeta e o sofrimento de morrer ou ver desaparecer entes queridos. Mas quem garante que, privados da certeza de finitude, essa raça de sobreviventes não tornaria a nossa convivência uma experiência infernal? Simone de Beauvoir deu a resposta no romance *Todos os homens são mortais*.

É esse ideal de infinitude que fomenta a cultura da imortalidade disseminada pela promissora indústria do elixir da eterna juventude: cosméticos, academias de ginástica, livros de autoajuda, cuidados nutricionais, drágeas e produtos naturais que prometem saúde e longevidade. Nada disso é contraindicado, exceto quando levado à obsessão, que produz anorexia, ou à atitude ridícula de velhos, que se envergonham das próprias rugas e se fantasiam de adolescentes.

Tenho amigos com câncer. Um deles observou: "Outrora, era tabu falar de sexo. Hoje, falar de morte." Concordei. Outrora, a morte era vista como fenômeno natural, coroamento inevitável da existência. Hoje, é sinônimo de fracasso, quase vergonha social.

A morte clandestinizou-se nessa sociedade que incensa a cultura do prolongamento indefinido da vida, da juventude perene, da glamorização da estética corporal. Nem sequer se tem mais o direito de ficar velho. Nós, que já nos incluímos no *Estatuto do idoso*, somos tratados por eufemismos que visam aplacar a "vergonha" da velhice: terceira idade, melhor idade ou, como li na lataria de uma van, "a turma da dign/idade". A usar eufemismos, sugiro o mais realista: turma da eterna idade, já que estamos mais próximos dela.

No tempo de meus avós, morria-se em casa, no espaço doméstico cercado de parentes, amigos e objetos que constituíam a razão de ser da existência do enfermo. Hoje, morre-se no hospital, um lugar estranho, cuidado por profissionais da saúde, cujos nomes ignoramos.

A agonia é suprimida pelos avanços da ciência – o coma induzido, a medicação que elimina a dor. O rito de passagem – unção dos enfermos, luto, missa de 7º dia, proclamas – é quase imperceptível.

"Morrer é fechar os olhos para ver melhor", disse José Martí. As religiões têm respostas às situações-limite da condição humana, em especial a morte. Isso é um consolo e uma esperança para quem tem fé. Fora do âmbito religioso, entretanto, a morte é um acidente, não uma decorrência normal da condição humana.

Morre-se abundantemente em filmes, vídeos e telenovelas, mas não há velório nem enterro. Os personagens são seres descartáveis, como as vítimas inclementes do narcotráfico. Ou as figuras virtuais dos jogos eletrônicos que ensinam crianças a matar sem culpa.

A morte é, como frisou Sartre, a mais solitária experiência humana. É a quebra definitiva do ego. Na ótica da fé, o desdobramento do ego no seu contrário: o amor, o ágape, a comunhão com Deus.

A morte nos reduz ao verdadeiro eu, sem os adornos de condição social, nome de família, títulos, propriedades, importância ou conta bancária. É a ruptura de todos os vínculos que nos prendem ao acidental. Os místicos a encaram com tranquilidade por exercitarem o desapego frente a todos os valores finitos. Cultivam, na subjetividade, valores infinitos. E fazem da vida dom de si – amor. Por isso, Teresa de Ávila suspirava: "Morro por não morrer."

Padre Vieira advertia no *Sermão do primeiro domingo do Advento*, em 1650: "No nascimento, somos filhos de nossos pais; na ressurreição, seremos filhos de nossas obras."

Foi com o intuito de ajudar a quebrar o tabu da morte que escrevi, para crianças, a história contida em *Começo, meio e fim* (Rocco).

ESCOLA E EDUCAÇÃO CRISTÃ

Interessados na pastoral educacional, reuniram-se em São Paulo professores de dez colégios, os preferidos das elites paulistana e campineira. São escolas que têm origem em congregações religiosas. No passado, padres e freiras cederam seu lugar a leigos, até mesmo no ensino religioso. E essa disciplina incluía educação moral e cívica, conscientização, ética etc.

É um contrassenso a escola católica não evangelizar alunos, professores e funcionários. Melhor despir-se de sua confessionalidade e assumir-se como mera empresa lucrativa. Os colégios que se reuniram não estavam interessados em uma catequese quantitativa, tipo encher bancos da igreja, nem em aulas de religião moralistas ou doutrinárias, como no passado. Queriam incutir em seus alunos valores evangélicos de promoção da vida, solidariedade, justiça, partilha, poder como serviço etc.

Assim, a pastoral educacional inova nos métodos de evangelização e nos compromissos decorrentes da adesão a Jesus Cristo. Nas aulas de ensino religioso, os alunos entram em contato com outras denominações religiosas, cristãs e não cristãs, incluindo tradições de matriz africana, que são parte de nossas raízes nacionais; participam de manhãs de formação e de retiros espirituais nos fins de semana. A formação do corpo docente é aprimorada com cursos de teologia pastoral e retiros espirituais. Investe-se também na atualização religiosa dos pais e na preparação para o crisma dos alunos.

A pastoral social abre um variado leque de opções. Uma das escolas mobiliza seus alunos em trabalhos com cerca de 120 crianças de rua. Elas são alfabetizadas pelos estudantes e fazem cursos profissionalizantes (eletricista, culinária, manicure etc.) ministrados por pais e professores. Em visitas a favelas, os alunos promovem recreação de crianças, teatro, oficinas de trabalhos manuais etc.

Para sensibilizar os jovens com os valores evangélicos, ajudando-os a perder o ranço elitista, há escolas que mantêm centros sociais em favelas, promovem cursos de artesanato em cortiços, visitas à APAE e estágios dos alunos em assentamentos de sem-terra. Uma das escolas promoveu a viagem de formatura do último ano do ensino médio ao Vale do Jequitinhonha, com a adesão voluntária de 60 alunos que, durante um mês, dedicaram-se a serviços sociais naquela região carente de Minas.

As gincanas têm caráter educativo, pois servem para coleta de roupas e alimentos aos mais pobres. Temas como sexualidade e drogas são debatidos abertamente. A Campanha da Fraternidade da CNBB entra na sala de aula, e palestras atraem os alunos. Há um colégio que inclui em sua grade curricular o tema dos direitos humanos. Grêmios estudantis, como espaço de educação política, são reativados.

Nos tempos litúrgicos fortes, como Semana Santa e Natal, certas escolas mobilizam a comunidade escolar, de modo a aprofundar o significado da Páscoa e trocar Papai Noel pelo Menino Jesus. Procura-se despertar no educando o interesse pela Bíblia, o gosto pela oração, o amor aos mais sofridos, a visão crítica diante de uma sociedade que exalta a competitividade, vulgariza a violência e, na sua impotência de amar, exibe o sexo como carne no açougue.

Todo ser humano tem fome de transcendência. Se não há resposta na família ou na escola, na igreja ou na sociedade, ele busca preencher o vazio no álcool ou na droga. Privado de formação religiosa que o torne amoroso e confiante, corre o risco de ser catequizado pelo consumismo, pelo hedonismo e pelos Rambos exterminadores do passado, do presente e do futuro.

Os adultos, antes de se perguntarem por que os jovens de hoje são tão diferentes, devem se indagar o que fazem para formá-los nos princípios da ética, nos valores morais e, no caso dos cristãos, na experiência de Deus. Na vida, só se colhe o que se planta. Pais que não oram com suas crianças, jamais leem a Bíblia em família, não se interessam por celebrações e festas litúrgicas, mais tarde não devem se queixar da indiferença de seus filhos em relação a certos valores.

À escola cristã fica o desafio de evangelizar e tornar-se, ela própria, uma comunidade onde em tudo se respira a força e a beleza dos valores evangélicos.

DESAFIOS PEDAGÓGICOS AOS DIREITOS HUMANOS

Há pouco, após proferir conferência na Itália, um braço ergueu-se na plateia: "Como vocês lutam por direitos humanos na América Latina?"

Pus-me a pensar. Direitos humanos na América Latina? Eis um luxo. Aqui nem conquistamos ainda direitos animais, como abrigar-se do frio e do calor, comer, beber e educar a cria. Em várias regiões do nosso continente, muitas crianças não sabem se terão futuro e se ele será de dor e infelicidade.

Direitos humanos – eis uma expressão que virou palavrão para muitas autoridades públicas. Goebbels, ministro de Hitler, sacava a pistola quando ouvia a palavra cultura. Na América Latina, muitos gostariam de reagir do mesmo modo ao escutar "direitos humanos". Consideram que significa defender bandido. Não é. É fazer o que Jesus fez: defender o direito de todos à vida e aos bens da vida.

Defender os direitos humanos é lutar para que todos tenham alimentação, saúde, educação, moradia, trabalho e lazer. Basta isso para ser feliz. Desde que o coração bata livre de ambições desmedidas.

As forças policiais deveriam ser as primeiras a respeitar os direitos humanos. Existem para defender a população. São pagas por nossos impostos. Mas os governantes não exigem que as escolas de polícia ensinem direitos humanos a seus alunos. Fazem vista grossa frente às torturas e à eliminação sumária de suspeitos e criminosos. Raramente, a Justiça condena os maus policiais. Em alguns países, como no Brasil, policiais militares acusados de delitos são julgados por tribunais especiais, ou melhor, "julgados" por seus pares que, quase sempre, colocam a cumplicidade corporativista acima das exigências da lei.

Assim, ampliam-se a escalada da violência e a "cultura" do olho por olho, dente por dente. Ora, a vingança semeia justiça como a gasolina apaga fogo...

Segundo a Anistia Internacional, ainda hoje, em mais de uma centena de países, torturam-se prisioneiros. Os EUA não apenas o fazem, como seus presidentes não se envergonham de defender em público "métodos duros" aplicados aos suspeitos de terrorismo, o que explica, mas não justifica, a manutenção da base naval de Guantánamo, em Cuba, transformada em cárcere ilegal e hediondo de homens sequestrados nos quatro cantos do mundo sob a acusação de serem virtuais terroristas.

Em muitos países da América Latina, com frequência, a polícia transforma uma blitz em chacina; presos pobres são seviciados em delegacias; mulheres são violentadas por agentes da lei; defensores dos direitos humanos sofrem ameaças e ataques, e muitas vezes são assassinados; e quem comete tais delitos continua a gozar de impunidade e imunidade.

Vivemos, hoje, sob o paradoxo de popularizar o tema dos direitos humanos e, ao mesmo tempo, deparar-nos com hediondas violações desses mesmos direitos, agora transmitidas ao vivo, via satélite, para nossas janelas eletrônicas. O que assusta e preocupa é o fato de, entre os violadores, figurarem, com frequência, instituições e autoridades – governos, polícias, tropas destinadas a missões pacificadoras etc. – cuja função legal é zelar pela difusão, compreensão e efetivação dos direitos humanos.

Há avanços em nosso continente nos últimos anos. A Comissão Interamericana de Direitos Humanos da OEA tem investigado denúncias, e alguns governos criaram órgãos como a Secretaria Nacional de Direitos Humanos do Brasil, cujo Congresso tipificou a tortura como crime hediondo (inafiançável).

Perdura, entretanto, uma grande distância entre as estruturas constitucionais de defesa dos direitos humanos e os persistentes abusos, assim como a ausência de garantias e recursos para assegurar tais direitos em áreas habitadas por camponeses, indígenas, quilombolas e, nas cidades, nas comunidades de moradores de rua, catadores de materiais recicláveis, profissionais do sexo e dependentes químicos.

EDUCAÇÃO EM DIREITOS HUMANOS

A falta de um programa sistemático de educação em direitos humanos na maioria dos países signatários da *Declaração Universal* favorece que se considere violação a tortura, mas não a agressão ao meio ambiente; o roubo, mas não a miséria que atinge milhares de pessoas; a censura, mas não a intervenção estrangeira em países soberanos; o desrespeito à propriedade, mas não a sonegação do direito de propriedade à maioria da população.

Na América Latina, o espectro do desrespeito aos direitos humanos estende-se das selvas da Guatemala ao altiplano do Peru; do bloqueio estadunidense a Cuba às políticas econômicas neoliberais que protegem o superávit primário e o lucro dos bancos privados e ignoram o drama de crianças de rua e os milhões de analfabetos.

Para o Evangelho, toda vida é sagrada. Jesus se colocou no lugar dos que têm seus direitos violados ao dizer que teve fome, teve sede, que esteve oprimido etc. (*Evangelho de Mateus* 25, 31-46).

Um programa de educação em direitos humanos deve visar, em primeiro lugar, à qualificação dos próprios agentes educadores, tanto pessoas quanto instituições – ONGs, Igrejas, governos, escolas, forças policiais e militares, partidos políticos, sindicatos, movimentos sociais etc.

Em muitos países, a lei consagra os direitos inalienáveis de todos, sem distinção entre ricos e pobres, confinada, porém, à mera formalidade jurídica, que não assegura a toda a população uma vida justa e digna. Pouco adianta as Constituições de nossos países proclamarem que todos têm igual direito à vida se não são garantidos os meios materiais que o tornem efetivo.

Os direitos fundamentais não podem se restringir aos direitos individuais enunciados pelas revoluções burguesas do século XVIII. A liberdade não consiste no contratualismo individual que sacraliza o direito de propriedade e permite ao proprietário a "livre iniciativa" de expandir seus lucros, ainda que à custa da exploração alheia.

Em um mundo assolado pela pobreza de mais da metade de sua população, o Estado não pode arvorar-se em mero árbitro da sociedade; deve intervir de modo a assegurar a todos direitos sociais, econômicos e culturais. O reconhecimento de um direito inerente ao ser humano não é suficiente para garantir seu exercício na vida daqueles que ocupam uma posição subalterna na estrutura social.

Há direitos de natureza social, econômica e cultural – como ao trabalho, à greve, à saúde, à educação gratuita, à estabilidade no emprego, à moradia digna, ao lazer etc. – que dependem, para a sua viabilização, da ação política e administrativa do Estado. Nesse sentido, o direito pessoal e coletivo à organização e atuação políticas torna-se, hoje, possível a um Estado verdadeiramente democrático.

Na América Latina, costuma-se dizer que nas escolas a pedagogia se distingue entre os métodos Piaget e Pinochet... Significa que os métodos de ensino nem sempre são verdadeiramente pedagógicos. Por vezes são opressivos, inibem potencialidades, reprimem a criatividade e tornam o educando covarde frente à realidade da vida.

Isso vale para uma sociedade que pretenda assegurar o respeito aos direitos humanos. Em princípio, eles devem ser impostos pela força da lei. Mas não basta, como a experiência demonstra. Em quase todos os países signatários da *Declaração Universal dos Direitos Humanos*, tais direitos, ainda que figurem na letra da lei, continuam sendo desrespeitados. Há torturas a prisioneiros, censura à imprensa, invasão da privacidade, discriminação racial e social, adoção da pena de morte etc. Portanto, o aspecto objetivo de uma legislação que garanta os direitos humanos precisa ser complementado pelo aspecto subjetivo – uma educação para os direitos humanos –, de modo a torná-los um consenso cultural enraizado no sentir, no pensar e no agir das pessoas. Essa educação deve priorizar sobretudo aqueles que têm, por dever profissional, o papel de aplicar as leis que asseguram pleno respeito aos direitos humanos.

Toda pedagogia centrada no objetivo de tornar o educando sujeito social e histórico deve caracterizar-se por agudo senso crítico. Nesse sentido, os artigos da *Declaração Universal dos Direitos Humanos* não podem ser adotados como oráculos divinos, ideologicamente imparciais e imunes a correções e aperfeiçoamentos. Eles refletem uma cosmovisão culturalmente condicionada pelos valores predominantes no Ocidente de pós-guerra. Há muito de utopia, distante da realidade. Daí a importância de uma pedagogia para os direitos humanos que parta do debate do próprio documento da ONU.

Por exemplo, o Art. I reza que "todos os homens nascem livres e iguais em dignidade e direitos". Hoje, diríamos: homens e mulheres. O fato é que homens e mulheres nascem dependentes. Como mamíferos, não podemos prescindir do cuidado de nossos semelhantes nos primeiros anos de vida. E estamos longe de nascer iguais em dignidade e direitos, basta verificar a situação das mulheres em países do Oriente, dos indígenas na América Latina, dos refugiados nos países da África e da Europa Ocidental.

A crítica construtiva à *Declaração Universal* deve resultar, não apenas num aprimoramento da carta da ONU, mas sobretudo na modificação das leis vigentes e na conscientização das autoridades responsáveis por sua aplicação, do presidente da República ao guarda da esquina, do primeiro-ministro ao policial do bairro.

Educar para os direitos humanos é buscar o consenso cultural que iniba qualquer ameaça aos direitos da pessoa. Direitos individuais e sociais. Torna-se imprescindível falar também no direito de participação nas decisões políticas e econômicas; de controle sobre o setor bélico de nossas nações; à infância sadia e alegre; nos direitos da natureza; de preservação da boa fama diante de abusos da mídia e, inclusive, a uma programação sadia nos veículos de comunicação de massa.

Uma questão delicada é como politizar a educação para os direitos humanos sem incorrer em sua partidarização. Os direitos humanos têm caráter político, pois dizem respeito à nossa convivência social. Mas, como direitos universais, devem ser implantados e respeitados dentro do princípio – que é também um direito – de autodeterminação dos povos.

Portanto, não devem ser utilizados como meio de impor a outros povos os nossos modelos políticos. Não podem se transformar em arma de neocolonialismo, o que seria, no mínimo, um paradoxo. Tais direitos devem ser respeitados sob a monarquia e a república, no regime presidencialista e parlamentarista, no capitalismo ou no socialismo.

Por isso, é preciso começar a falar em direitos humanos e direitos dos povos como direito à independência, à escolha de seu próprio regime político, de usufruir de um meio ambiente ecologicamente equilibrado, de não ser colonizado nem explorado por nações, organismos ou empresas estrangeiras.

Nenhum direito estará assegurado se, em primeiro lugar, não forem oferecidas garantias ao direito fundamental: o direito à vida. Não apenas o direito de nascer, mas também de viver em liberdade e dignidade, o que pressupõe, no mínimo, que esteja socialmente assegurado o tripé alimentação – saúde – educação.

DESAFIOS PEDAGÓGICOS

Como implementar a educação para os direitos humanos? Que pedagogia adotar? Ora, vivemos num mundo plural, onde se fala em globalização enquanto seitas fanáticas e movimentos neonazistas botam lenha na fogueira da xenofobia. Uns aplaudem a queda do Muro de Berlim, enquanto outros denunciam a crescente desigualdade entre o Norte e o Sul do planeta, que ergue ainda mais a muralha da segregação social. Há quem proclame o "fim da história" ao lado daqueles que resgatam as utopias libertárias. Sob a crise dos paradigmas, a razão moderna assiste à crescente emergência dos movimentos esotéricos; há quem prefira a astrologia, o Tarô e o I Ching às análises de conjuntura e às prospectivas estratégicas.

Nesse contexto de fragmentação paradigmática, onde a cultura cede lugar ao mero entretenimento atrelado ao consumismo, falar em direitos humanos e direitos dos povos torna-se um pressuposto básico de uma educação que vise modificar as relações entre pessoas e grupos, dentro de uma ética da tolerância e do respeito ao diferente. Não significa, entretanto, administrar uma sociedade anárquica, onde o direito de um termina onde começa o do outro. Os direitos grupais, étnicos e coletivos devem estar em harmonia com os direitos individuais, de tal modo que a defesa destes represente a consolidação daqueles. Caso contrário, seremos capazes de admitir o direito de o seresteiro da madrugada incomodar o sono de todos os moradores da rua; de o fazendeiro ampliar suas terras para dentro de uma reserva indígena; de uma nação impor seu modelo econômico a outra.

Não se deve, pois, confundir direitos com privilégios, nem admitir que a ganância material se sobreponha à indelével sacralidade da vida humana.

Esse ideal só será alcançado quando escolas, Igrejas, instituições religiosas e movimentos sociais, Estado e empresas privadas, se tornarem agentes pedagógicos capazes de educar pessoas e grupos numa atitude que as faça sentir, pensar e agir segundo o pleno respeito aos direitos humanos e aos direitos dos povos.

Como fazer isso talvez represente um desafio que só possa ser efetivamente respondido pela metodologia de educação popular combinada com o poder de difusão dos veículos de comunicação de massa. Que tal uma simulação pedagógica onde um branco se sinta na situação de um negro discriminado pela cor de sua pele? Ou uma comunidade europeia exposta, em um exercício pedagógico, a práticas e costumes próprios de uma comunidade africana ou indígena?

Quando nos situamos no lugar do outro, ocorre uma mudança em nosso lugar social e se reflete na mudança de nosso lugar epistêmico. Do lugar do outro, nenhuma pessoa retorna igual. O difícil é estender pontes a essa ilha egocêntrica que nos faz ver o mundo e as pessoas pela óptica de nossa geografia individual ou grupal. Este é exatamente o papel de uma pedagogia centrada nos direitos humanos.

METAS DA
EDUCAÇÃO CRÍTICA

Uma educação crítica e libertadora deve ter em vista construir uma civilização solidária, livre de opressão e desigualdade social.

Vivemos todos sob a hegemonia do pensamento único neoliberal e da economia capitalista centrada na apropriação privada da riqueza. O neoliberalismo, como vírus que se dissemina quase imperceptivelmente, se introduz nos métodos pedagógicos e nas teorias científicas; enfim, em todos os ramos do conhecimento humano. Assim, instaura progressivamente ideias e atitudes que fundamentam a ética (ou a falta de ética) das relações entre seres humanos e destes com a natureza.

Na lógica neoliberal, a inclusão do indivíduo como ser social é medida por sua inserção no mercado como produtor e consumidor. As relações humanas são determinadas pela posse de mercadorias revestidas de valor. É o fetiche denunciado por Marx.

Essa inversão relacional – segundo a qual a mercadoria possui mais valor que a pessoa humana, e esta é valorizada na medida em que ostenta mercadorias de valor – contamina todo o organismo social, inclusive a educação e a religião, conforme denunciou o papa Francisco a 22 de dezembro de 2014, ao apontar as "15 enfermidades" que corroem a Cúria Romana.

Disso decorre uma ética perversa, que sublinha, como valores, a competitividade, o poder de consumo, os símbolos de riqueza e poder, a suposta "mão invisível" do mercado.

Tal perversão ética debilita os organismos de fortalecimento da sociedade civil, como movimentos sociais, sindicatos, associações de bairro, ONGs, partidos políticos etc. O padrão a ser adotado já não é o da alteridade e da solidariedade, mas o do consumismo narcísico e o da competitividade.

Como superar, hoje, esse padrão de vida capitalista que, se não vigora em nosso status social, muitas vezes predomina em nossa mentalidade? Nisso, a educação exerce papel preponderante para que as novas gerações não se sintam obrigadas a adaptar-se ao novo "determinismo histórico": a hegemonia do mercado.

Hoje, uma das poderosas armas de superação do neoliberalismo é a educação crítica, cooperativa e participativa, capaz de criar novos parâmetros de conhecimento e suscitar novas práxis emancipatórias. Sobretudo quando se vincula a movimentos sociais de defesa dos direitos humanos e de aprimoramento da democracia.

É mediante a educação que se moldam as subjetividades que imprimem significado aos fenômenos sociais. Acontece, com frequência, vivermos um antagonismo entre o microssocial (pautado pela subjetividade) e o macrossocial (pautado pelas estruturas). Professamos uma ética que não praticamos e uma democracia que não admitimos ao ocupar funções de poder.

Bons exemplos de coerência entre o microssocial e o macrossocial são Gandhi, Luther King e Chico Mendes: a partir de seus ideais específicos – luta contra o imperialismo britânico, a discriminação racial e a degradação ambiental – lograram modificar estruturas e implantar novos parâmetros éticos nas relações pessoais e sociais.

EDUCAÇÃO E MUDANÇA DA REALIDADE

Todos nós, educadores, pagamos tributo à nossa formação escolar e ao método "bancário" de aprendizado. Não é raro ver um educador popular praticar, em nome da metodologia libertadora, o mais flagrante autoritarismo. Trabalha-se do pescoço para cima, pouco considerando a dimensão holística do educando, incluindo sexualidade e subjetividade, intuição e espiritualidade. Educa-se a razão, sem educar a emoção, gerando pessoas intelectualmente adultas e sentimentalmente infantis, falsas, e até mesmo agressivas. Na escola, sonegam-se as situações limites da vida: o que se aprende em relação à doença, à ruptura afetiva, ao fracasso e à morte?

Cada ponto de vista é a vista desde *um* ponto. Duas pessoas não veem o mesmo objeto ou a mesma situação do mesmo modo. Faz-se uma apreensão equivocada da realidade quando se pretende abarcar todo o real, olvidando-se que o real é dinâmico e contraditório, jamais estático e estratificável em conceitos definitivos. A apreensão do real decorre sempre de um processo coletivo e não pode ser confundida com a pretensão newtoniana-positivista de um conhecimento objetivo inquestionável. Como o real é, em si, inapreensível, dele nos aproximamos através de suas abstrações.

A questão epistemológica remonta aos gregos, no século VI a.C. O substantivo grego *episteme* deriva do verbo *ep-istastai*, que significa "saber, estar próximo, conhecer".

A física quântica, ao descobrir que não há objetividade científica em nível das partículas subatômicas – pois as respostas são condicionadas pelas perguntas feitas – introduziu o que Heisenberg chamou de *princípio da indeterminação*, que nos obriga a repensar o próprio conceito de ciência e a relação sujeito-objeto. O objeto que analiso não é a realidade em si, mas o objeto escalado pelo método científico que aplico.

Os gregos pensavam que o átomo era a porção menor da matéria. Graças à física quântica, agora sabemos que o próprio átomo resulta da interação de partículas ainda mais elementares, como elétrons, férmions, bósons e quarks. Nesse nível subatômico, dilui-se o limite entre matéria e energia. Um elétron pode ser, *ao mesmo tempo*, onda e partícula. Isso indica que, em nível mais elementar, todas as coisas estão ligadas, pois, sem exceção, derivam da primitiva sopa cósmica de hidrogênio. E todas, igualmente, carregam a dualidade onda-partícula, energia-matéria, sendo que o ser humano é, talvez, o exemplar mais aperfeiçoado dessa interação, pois nele a matéria tende a um alto grau de espiritualização, e a consciência refletida lhe permite emergir dos automatismos atávicos, próprios do reino animal, para experimentar a liberdade.

Assim, podemos afirmar que o nosso corpo manifesta nosso lado partícula e, a nossa mente, nosso lado onda, e os bósons e férmions que forjam a matéria-prima de nosso ser são tão antigos quanto o próprio Universo.

Tais descobertas nos levam a superar a cosmovisão clássica, baseada na física mecanicista de Newton e na fenomenologia moderna. O olho quântico nos mostra que estamos indelevelmente relacionados com todos os seres da natureza e com tudo mais que constitui o Universo. Não somos sujeitos de uma realidade que nos é alheia e, no entanto, objeto de nossa ação. Somos causa e efeito nesse mundo de relações informado por um sentido que tramita em sua evolução. Portanto, não há mudanças objetivas sem radical transformação do sujeito político. Nem há mudança do sujeito político sem ação transformadora da realidade.

Qualquer que seja o perfil das novas utopias que emerjam neste mundo, no qual a queda do Muro de Berlim coincidiu com a construção dos campos de concentração sérvios, elas terão que integrar em seu ideário político mudança social e preservação ambiental, sexualidade e espiritualidade, mística e partilha dos bens necessários à vida. Nesse sentido, a educação deverá considerar os educandos como sínteses personalizadas das energias cósmicas, e autores do sentido do Universo, resgatando a dignidade inerente ao ser vivo, sobretudo daqueles que são vítimas sociais dos que ainda se julgam beneficiários de uma história que, "ao terminar", cumulou-os de riqueza e poder. Só uma epistemologia que coloque o pobre no centro do processo histórico, e uma cosmovisão que considere a sonegação de seu direito à vida uma fratura no próprio curso do Universo, nos darão as chaves das novas utopias, pelas quais tanto ansiamos.

Esse desafio só pode ser enfrentado hoje mediante os movimentos populares, que tecem os elos de fortalecimento da sociedade civil e resgatam os vínculos comunitários destruídos pela modernidade neoliberal. Não podemos girar ao contrário a roda do tempo e eternizar as relações de dom e troca nessa coletividade dessacralizada e sujeita à "mão invisível" (Adam

Smith) do mercado. Mas podemos fortalecer os movimentos sociais que articulam representativamente os interesses e as demandas de amplos setores da população. São eles, ao lado das comunidades cristãs, das ONGs, das empresas que assumem a sua responsabilidade social, dos sindicatos e partidos políticos progressistas, as vias pelas quais a realidade pode ser mais bem conhecida e transformada.

V. PAPEL DA UNIVERSIDADE

PAPEL DO EDUCADOR NA FORMAÇÃO POLÍTICA DE SEUS ALUNOS[2]

O bloco socialista se desintegrou antes de completar um século. A União Soviética se esfacelou e os países que a integravam adotaram o capitalismo como sistema econômico e sinônimo de democracia. Tudo aquilo que o socialismo pretendia e que, de alguma maneira, alcançara – redução da desigualdade social, garantia do pleno emprego, saúde e educação gratuitos e de qualidade, controle da inflação etc. – desapareceu para dar lugar a todas as características desumanas do neoliberalismo capitalista: a pessoa encarada, não como cidadã, e sim como consumista; o ideal de vida reduzido ao hedonismo; a exploração da força de trabalho e a apropriação privada da mais-valia; a especulação financeira; a degradação da condição humana através da prostituição, da indústria pornográfica, da criminalidade e do consumo de álcool e drogas.

É nosso dever, como homens e mulheres comprometidos com a ética e a justiça, perguntarmos quais as causas do desaparecimento do socialismo na Europa. Sabemos que há um amplo leque de causas, que vão da conjuntura econômica de um mun-

---

[2] Conferência proferida em Havana, no 9º Congresso Internacional de Educação Superior, 12 de fevereiro de 2014.

do bipolar hegemonizado pelo capitalismo às pressões bélicas em decorrência da Guerra Fria.

Entre as tantas causas, destaco uma de caráter subjetivo, ideológico, que diz respeito ao nosso tema: o papel do educador na formação política de seus alunos.

Devo dizer que antes da queda do Muro de Berlim tive a oportunidade de visitar a China, a Tchecoslováquia, a Polônia, duas vezes a Alemanha Oriental, e três a União Soviética.[3]

O socialismo europeu cometeu o erro de supor que seriam naturalmente socialistas pessoas nascidas em uma sociedade socialista. Esqueceu-se da afirmação de Marx de que a consciência reflete as condições materiais de existência, mas também influi e modifica essas condições. Há uma interação dialética entre sujeito e realidade na qual ele se insere.

Em primeira instância, e não em última, nascemos todos autocentrados. "O amor é um produto cultural", teria dito Lênin. Resulta do desdobramento de nosso ego, o que se obtém através de práticas que infundam valores altruístas, gestos solidários, ideais coletivos pelos quais a vida ganha sentido e a morte deixa de ser encarada como fracasso ou derrota.

Segundo Lyotard, o que caracteriza a pós-modernidade é não saber responder à questão do sentido da vida. Este é o papel do educador: não apenas transmitir conhecimentos, facilitar pedagogicamente o acesso ao patrimônio cultural da nação e da humanidade, mas também suscitar no educando espírito crítico e protagonismo político.

---

[3] Ver meu livro *Paraíso perdido – viagens ao mundo socialista*, Rio de Janeiro, Rocco, 2015.

Ora, isso jamais será possível se não se propicia ao magistério um processo de formação permanente. É um equívoco julgar que professores de um país socialista, ainda que filiados ao partido que liderou a Revolução, sejam revolucionários. Nenhum de nós é totalmente invulnerável às seduções capitalistas, aos atrativos do individualismo, à tentação de acomodamento e indiferença frente ao sofrimento alheio e às carências coletivas.

Estamos todos permanentemente sujeitos às influências nocivas que satisfazem o nosso ego e tendem a nos imobilizar quando se trata de correr riscos e abrir mão de prestígio, poder e dinheiro. A corrupção é uma erva daninha inerente ao capitalismo e ao socialismo. Jamais haverá um sistema social no qual a ética se destaque como virtude inerente a todos que nele vivem e trabalham.

Se não é possível alcançar a utopia de ética *na* política, é preciso conquistar a ética *da* política. Criar uma institucionalidade política que nos impeça de "cair em tentação" quanto à falta de ética. Isso só será possível em um sistema no qual inexistam impunidade e corrupção, ainda que corruptor e corrompido tentem praticá-la. Tal objetivo não se alcança por meio de repressão e penalidades, embora sejam necessárias. O mais importante é o trabalho pedagógico, a emulação moral, tarefa na qual os professores desempenham papel preponderante, por lidarem com a formação da consciência das novas gerações.

Um professor deve ter atitudes pautadas pela construção de uma identidade humana, na qual haja adequação entre essência e existência. Ele deve administrar sua disciplina escolar contextualizando-a na conjuntura histórica na qual se insere.

O papel número um do educador não é formar mão de obra especializada ou qualificada para o mercado de trabalho.

É formar seres humanos felizes, dignos, dotados de consciência crítica, participantes ativos do desafio permanente de aprimorar a sociedade democrática. Cabe à educação suscitar nos alunos apreço aos valores que estimulam o altruísmo, a solidariedade, o serviço desinteressado às causas humanitárias, valores que derivam também de fontes espirituais.

UNIVERSIDADE: FORMAÇÃO HUMANISTA DOS PROFISSIONAIS

Em agosto de 1945, duas cidades japonesas foram varridas do mapa: Hiroshima e Nagasaki. Mais de 200 mil pessoas, simples cidadãos civis, perderam a vida atingidas pelas bombas atômicas lançadas por aviões estadunidenses. Foram, sem sombra de dúvida, os mais graves atentados terroristas ocorridos em toda a história da humanidade.

Por detrás das bombas mortíferas, havia homens das melhores universidades do mundo. Robert Oppenheimer, que chefiou o Projeto Manhattan, do qual resultaram as bombas de Hiroshima e Nagasaki, era físico teórico formado pela Universidade de Harvard, em 1925. Teve um casal de filhos e era conhecido por sua polidez, incapaz de bater, com uma flor, em uma mulher. Após a catástrofe japonesa, Oppenheimer foi acometido de crise de consciência. Costumava repetir uma frase do *Bhagavad-Gita*, livro de espiritualidade dos hindus: "Eu me tornei a morte, destruidora de mundos." Mais tarde, posicionou-se a favor de maior controle na proliferação de armas nucleares, o que lhe custou a acusação de ser espião soviético.

Edward Teller era colega de Oppenheimer no Projeto Manhattan. Nascido na Hungria e filho de um advogado e uma pianista, graduou-se em engenharia química na Alemanha. Foi professor nas mais prestigiosas universidades do mundo, como a de Londres e a de Berkeley, na Califórnia. Canalizou sua inteligência para inventar a bomba de hidrogênio, 750 vezes mais potente que a de Hiroshima. Foi ele quem acusou Oppenheimer de espião soviético. Na década de 1980, destacou-se como o grande mentor do Programa de Defesa Estratégica, mais conhecido como "Guerra nas estrelas", patrocinado pelo presidente Reagan. Sua insanidade científica inspirou o filme *Doctor Strangelove* (*Dr. Fantástico*, na versão brasileira), de 1964, dirigido por Stanley Kubrick.

Todos os cientistas do Projeto Manhattan foram bancados por dois presidentes dos Estados Unidos, Franklin Delano Roosevelt e seu sucessor, Harry S. Truman. Roosevelt ostentava dois diplomas de direito por duas universidades, Harvard e Columbia. Truman, que o sucedeu em abril de 1945, também estudou direito, mas não chegou a obter o diploma.

Se Oppenheimer tivesse recebido, como Albert Einstein, uma formação humanista baseada em valores morais, teria chefiado o Projeto Manhattan? Se Edward Teller tivesse recebido uma formação humanista fundada na ética, teria criado a bomba de hidrogênio? E Roosevelt e Truman teriam autorizado o Projeto Manhattan e o genocídio nuclear em Hiroshima e Nagasaki?

Não basta ter uma formação humanista. Heidegger teve formação humanista e, no entanto, apoiou o nazismo. Werner Heisenberg também recebeu uma formação humanista e, no entanto, colaborou com o projeto atômico da Alemanha nazista. Uma verdadeira formação humanista supõe encarnar valores como solidariedade, cooperação, luta por justiça, defesa da dignidade de todos os seres humanos e preservação ambiental.

UNIVERSIDADE E PLURIDIVERSIDADE

As universidades nasceram à sombra da Igreja como instituições humanistas. E toda universidade é, curiosamente, uma multidiversidade, uma vez que reúne distintas disciplinas e métodos de aprendizado. Por que, então, é chamada de Universidade e não de Pluridiversidade?

Ora, dentro de uma universidade, toda a diversidade de disciplinas, da filosofia à medicina, segue o mesmo objetivo estratégico pedagógico de constituir uma instituição voltada a formar mão de obra qualificada para o mercado, no caso das universidades capitalistas, ou profissionais em condições de responder às demandas da população, como deveria ser o propósito das universidades em países socialistas.

Por isso, a universidade precisa sempre se submeter a um processo permanente de autocrítica. Perguntar-se se é uma ilha do saber indiferente às reais necessidades do país ou se constitui uma usina capaz de dotar a nação de ferramentas teóricas e práticas para solucionar os problemas que a afetam.

Quando Napoleão entrou em Berlim, em 1806, os prussianos tiveram que abandonar suas posturas inflexíveis e permitir que, nos países de língua alemã, as universidades se libertassem da tutela da teologia. Os pioneiros dessa conquista da emancipação do saber foram Johann Fichte, Christian Wolff e Immanuel Kant. E graças à autonomia da razão, as universidades alemãs nos deram Karl Marx, Friedrich Engels, Max Planck, Max Weber, Sigmund Freud e Albert Einstein. Geologia, física e química passaram a merecer a mesma importância de filosofia, história e sociologia.

Os Estados Unidos se espelharam no modelo alemão, sobretudo porque necessitavam de profissionais qualificados para expandir seu parque industrial. Estabeleceu-se um estreito vínculo entre empresas e universidades. Yale concedeu o primeiro título de doutorado em 1861, e em 1900 mais de 300 alunos já ostentavam o título de doutores.

A universidade ianque se transformou em uma usina elitista de pragmatismo e liberalismo. O que lhe interessa, ainda hoje, é desenvolver a ciência e a tecnologia. E o princípio estratégico pedagógico que rege esse pragmatismo é óbvio: fortalecer o mercado e a apropriação privada da riqueza.

O fundador do pragmatismo estadunidense foi Charles Sanders Peirce, filósofo destacado na década de 1870. Porém, coube a William James popularizar o pragmatismo na série de conferências proferidas em Boston, em 1907, sob o título *Pragmatismo: um novo nome para velhas formas de pensar*. James ensinou que um profissional não deve se mover por princípios, e sim por fatos empíricos... Seu ensinamento é contraditório, pois se arvora em um novo princípio!

A terceira figura importante no pragmatismo ianque foi John Dewey, catedrático da Universidade de Chicago. Seu lema era: *Democracia (leia-se: capitalismo), ciência e industrialismo*.

Em 1908, Harvard inaugurou sua Escola Superior de Empresas de Graduados. Ou seja, formar melhor os homens de negócios. Os alunos eram enviados para estagiar nas empresas. Essa pedagogia desenvolveu dois aspectos: permitiu aos alunos vincular teoria e prática e, ao mesmo tempo, propiciou às empresas a possibilidade de aprimorar a qualidade de seus quadros profissionais.

O caráter desse projeto estratégico pedagógico das universidades dos Estados Unidos se encontra bem definido nestas palavras de Marx e Engels em *O manifesto comunista*: "Todos os complexos e variados laços que prendiam o homem feudal a seus 'superiores naturais', ela (a burguesia) os despedaçou sem piedade, para só deixar subsistir, de homem para homem, o laço frio do interesse, as duras exigências do 'pagamento à vista'. Afogou os fervores sagrados do êxtase religioso, do entusiasmo cavalheiresco, do sentimentalismo pequeno-burguês nas águas geladas do cálculo egoísta. Fez da dignidade pessoal um simples valor de troca. Substituiu as numerosas liberdades, conquistadas com tanto esforço, pela única e implacável liberdade de comércio."

Como bem frisa o educador e filósofo brasileiro Maurício Abdalla, infelizmente em nossas universidades quase não há espaço para a filosofia das ciências. Se o positivismo é teoricamente rechaçado, na prática é vigente, embora criticado pela Nova Filosofia das Ciências, como Popper, Kuhn, Lakatos, Feyerabend e Laudan. Muitos professores universitários, em especial das áreas científicas e tecnológicas, permanecem alheios aos debates epistemológicos e são tributários de uma visão positivista ingênua das ciências. Acreditam que há uma ciência neutra, isenta de influências ideológicas e de subjetividades, mero fruto de investigações e pesquisas desinteressadas, de observações empíricas alheias a qualquer metafísica. O resultado dessa postura é que teorias científicas, carregadas de subjetivismo e condicionamentos culturais, são abraçadas como dogmas, sem conexão com a realidade mutante e o processo histórico dinâmico.

Cria-se assim a cisão entre ciências naturais e ciências humanas, ética e pesquisa científica, favorecendo aberrações como querer impedir qualquer sistema axiológico em pesquisas da biogenética, ou apregoar que os produtos transgênicos em nada afetam o equilíbrio ambiental e o organismo humano, ou que o uso excessivo de combustíveis fósseis não influi no aquecimento global. Eis a "cientocracia", a ditadura da ciência, que deve decidir o que devemos comer, de que modo nos vestir, que tipo de sociedade é a melhor etc. Eis o neoplatonismo pós-moderno, que elege cientistas-reis no lugar de filósofos-reis, como queria Platão.

COOPERAÇÃO OU COMPETIÇÃO

Se o capitalismo é um sistema monetário, no qual os direitos humanos estão sujeitos aos caprichos do mercado, o socialismo é um sistema humanitário, no qual os direitos humanos devem ser prioridade por excelência. É dentro desse parâmetro que é importante a universidade, em um país como Cuba, nortear seu objetivo estratégico pedagógico. Impedir que a universidade seja uma torre de marfim, e criar vínculos efetivos entre os alunos e professores e os vários setores da nação que refletem as demandas mais urgentes da população. Buscar respostas a essas perguntas: como a universidade se relaciona com os sindicatos, as cooperativas, os movimentos sociais, os novos empreendedores? Como a universidade se prepara para as reformas econômicas e sociais implementadas em Cuba, sobretudo após o reatamento de relações com os EUA?

Sem dúvida, Cuba conta com uma modalidade de extensão universitária que, pelo seu alcance, não encontra paralelo no mundo – a solidariedade internacional de seus profissionais, em especial médicos e professores, presentes entre a população mais pobre de mais de 100 países. Esse internacionalismo deita raízes na consistência do capital simbólico acumulado pela heroica história desse país e enriquecido, de modo exemplar, pela Revolução. Capital simbólico encarnado na vida e no testemunho de homens como Félix Varela, José Martí, Ernesto Che Guevara, Raúl e Fidel Castro.

Tanto no mundo capitalista quanto no socialista, as universidades trafegaram do humanismo regado a água benta ao racionalismo cientificista abraçado ao mito positivista da neutralidade científica. Ora, a bússola da ciência é a ética, como bem demonstrou Aristóteles. E a ética é o leque de valores que incorporamos para tornar mais digno e feliz nosso breve período de vida a bordo desta nave espacial chamada Planeta Terra. Eis a questão central de um projeto estratégico pedagógico verdadeiramente revolucionário, capaz de deter as graves contradições da razão instrumental que, em nome de acelerados avanços científicos e tecnológicos, provoca devastação ambiental, a ponto de a natureza, em nosso planeta, perder a sua capacidade de autorregeneração, a menos que haja intervenção humana.

Em tempos de pós-modernidade ameaçada de ter como paradigma, não a religião do período medieval, nem a razão do período moderno, mas o mercado, a mercantilização de todos os aspectos da vida humana e da natureza, tão bem denunciada pelo papa Francisco em sua encíclica socioambiental *Louvado sejas – sobre o cuidado da casa comum*, a universidade é interpelada por uma questão ontológica: como lidar com a experiência subjetiva de mundo de seus professores e alunos?

A experiência subjetiva de mundo de cada ser humano é uma questão que jamais a ciência poderá equacionar. Nem mesmo a linguagem é capaz de traduzi-la, embora haja formas de expressão que tentam aprender o alfabeto dos anjos, como a filosofia, a religião e a arte. Em fase de transição civilizacional, como a atual, precisamos de uma nova ontologia ecossocialista.

É aqui que se coloca o desafio ideológico para o projeto estratégico pedagógico da universidade. Os profissionais que ela forma fazem uma experiência subjetiva do mundo centrada em valores alheios à universidade? Esses valores estão ancorados na solidariedade, no altruísmo, na cooperação, ou na ambição egocêntrica, no individualismo, na competitividade?

Em um país como Cuba, não basta responder: somos socialistas! Somos marxistas! Basta conferir a história para saber quantas atrocidades se cometeram em nome do marxismo e do socialismo, assim como em nome do cristianismo houve a Inquisição e a empresa colonialista genocida na América Latina. Mas não se jogue fora a criança junto com a água da bacia. Tanto o cristianismo quanto o socialismo escreveram belas páginas históricas. E os dois se nutrem da mesma raiz da ética bíblica, que proclama que cada ser humano é dotado de ontológica sacralidade, e o dom da vida nos foi dado para que possamos desfrutá-lo em um paraíso aqui nesta Terra – que a mensagem evangélica chama de "reino de Deus" e o marxismo de "sociedade comunista", onde tudo será comum a todos, e a cada um se dará segundo a sua necessidade, e de cada um se exigirá segundo sua capacidade.

Esse humanismo deveria ser a estrela-guia de nossas universidades, capaz de nortear todas as pesquisas científicas, os inventos tecnológicos, a formação de profissionais e de homens e mulheres devotados à política e à administração pública.

Termino com duas citações que bem refletem o que pretendi dizer até aqui. A primeira, do filósofo Gaston Bachelard, que desafiava os cientistas a revelarem o caráter humano de suas pesquisas. Afirma ele em sua obra *A filosofia do não* (1978, p. 8): "Perguntemos, pois, aos cientistas: como pensais, quais são as vossas tentativas, os vossos ensaios, os vossos erros? Quais são as motivações que vos levam a mudar de opinião? Por que razão vós vos exprimis tão sucintamente quando falais das condições psicológicas de uma nova investigação? Transmiti-nos, sobretudo, as vossas ideias vagas, as vossas contradições, as vossas ideias fixas, as vossas convicções não confirmadas."

A outra citação, com a qual encerro, é do gênio profético de Martí, em *Nossa América*, onde já nos interpelava nesse sentido: "Como poderão sair das universidades os governantes, se não há universidades na América onde se ensine o rudimento da arte de governo, que não é mais do que a análise dos elementos peculiares dos povos da América? Os jovens saem pelo mundo adivinhando as coisas com óculos ianques ou franceses e pretendem dirigir um povo que não conhecem. Na carreira política, dever-se-ia negar entrada aos que desconhecem os rudimentos da política. O prêmio dos concursos não deverá ser para a melhor ode, mas para o melhor estudo dos fatores do país em que se vive. No jornal, na cátedra, na academia, deve-se levar adiante o estudo dos problemas reais do país. Basta conhecê-los, sem vendas nem disfarces, pois aquele que, por vontade ou esquecimento, deixa de lado uma parte da verdade, tomba, afinal, vítima da verdade que lhe faltou. (...) Resolver o problema depois de conhecer seus elementos é mais fácil do que sem conhecê-los. Vem o homem natural, indignado e forte, e derruba a justiça acumulada nos livros, porque não é administrada de acordo com as necessidades patentes do país. Conhecer é resolver. Conhecer o país, e governá-lo conforme o conhecimento, é o único modo de livrá-lo de tiranias. A universidade europeia deve dar lugar à universidade americana. A história da América, dos incas para cá, deve ser ensinada minuciosamente, mesmo que não se ensine a dos arcontes da Grécia. A nossa Grécia é preferível à Grécia que não é nossa. Nos é mais necessária. Os políticos nacionais substituirão os políticos exóticos. Enxerte-se em nossas repúblicas o mundo; mas o tronco terá de ser o de nossas repúblicas. E cale-se o pedante vencido; pois não há pátria na qual o homem possa ter mais orgulho do que em nossas sofridas repúblicas americanas." (pp. 195-197)

UNIVERSIDADE E INSERÇÃO SOCIAL

Por que dizemos universidade e não pluriversidade? Trata-se de uma instituição que comporta diferentes disciplinas. Multicultural, nela coabita a diversidade de saberes. O título universidade simboliza a sinergia que deveria existir entre os diversos campos do saber.

Característica lamentável em nossas universidades, hoje, é a falta de sinergia. Carecem de projeto pedagógico estratégico. Não se perguntam que categoria de profissionais desejam formar, com que objetivos, de acordo com quais parâmetros éticos.

Ora, quando não se faz tal indagação é o sistema neoliberal, centrado no paradigma do mercado, que impõe a resposta. Não há neutralidade. Se o limbo foi, há pouco, abolido da doutrina católica, no campo dos saberes ele nunca teve lugar.

Um cristão acredita nos dogmas de sua Igreja. Mas é no mínimo ingênuo, senão ridículo, como assinala o filósofo Hilton Japiassu, um mestre ou pesquisador acadêmico crer no propalado *dogma da imaculada concepção da neutralidade científica*.

Em que medida nossas instituições de ensino superior são verdadeiramente universidades, ou seja, se regem por uma direção, um enfoque dialógico, um projeto pedagógico estratégico? Ou se restringem a formar profissionais qualificados destituídos de espírito crítico, voltados a anabolizar o sistema de apropriação privada de riquezas em detrimento de direitos coletivos e indiferentes à exclusão social?

A universidade, como toda escola, é um laboratório político, embora muitos o ignorem. E a política, como a religião, comporta um viés opressor e um viés libertador. Como diria Fernando Sabino, são facas de dois legumes...

Um dos fatores de desalienação da universidade reside na extensão universitária. Ela é a ponte entre a universidade e a sociedade, a escola e a comunidade.

As universidades nasceram à sombra dos mosteiros. Estes, outrora, eram erguidos distantes das cidades, o que inspirou a ideia de *campi*, centro escolar que não se mescla às inquietações cotidianas, onde alunos e professores, monges do saber, vivem enclausurados numa espécie de céu epistemológico. Como assinalava Marx, dali contemplam a realidade, tranquilos, agraciados pelas musas, encerrados na confortável câmara de uma erudição especializada que pouco ou nada influi na vida social.

Tal crítica à universidade data do século XIX, quando teve início a extensão universitária. Em 1867, a Universidade de Cambridge, na Inglaterra, promoveu um ciclo de conferências aberto ao público. Pela primeira vez, a academia abria suas portas a quem não tinha matrícula, o que deu origem à criação de universidades populares.

Antonio Gramsci estudou em uma universidade popular na Itália. A experiência o fez despertar para o conceito de universidade como aparelho hegemônico que se relaciona com a sociedade de modo legitimador ou questionador. Para ele, uma instituição crítica deveria, através de mecanismos de extensão universitária, produzir conhecimentos acessíveis ao povo.

Na América Latina, antes de Gramsci, houve o pioneirismo da reforma da Universidade de Córdoba, na Argentina, em 1918. A classe média se mobilizou para que as universidades controladas pelos filhos dos latifundiários e pelo clero se abrissem a outros segmentos sociais. Fez-se forte protesto contra o alheamento olímpico da universidade, sua imobilidade senil, seu desprezo pelas carências da comunidade no entorno.

A proposta de abrir a universidade à sociedade alcançou sua maturidade na América Latina no 1º Congresso das Universidades Latino-Americanas, reunido na Universidade de San Carlos, na Guatemala, em 1949. O documento final rezava: "A universidade é uma instituição a serviço direto da comunidade, cuja existência se justifica enquanto desempenha uma ação contínua de caráter social, educativo e cultural, aliando-se a todas as forças vivas da nação para analisar seus problemas, ajudar a solucioná-los e orientar adequadamente as forças coletivas. A universidade não pode permanecer alheia à vida cívica dos povos, pois tem a missão fundamental de formar gerações criadoras, plenas de energia e fé, conscientes de seus altos destinos e de seu indeclinável papel histórico a serviço da democracia, da liberdade e da dignidade dos homens."

Décadas depois do alerta de San Carlos, neste mundo hegemonizado por transnacionais da mídia mais interessadas em formar consumistas que cidadãos, nossas universidades ainda não priorizam o cultivo dos valores próprios de nossas culturas, nem participam ativamente do esforço de resistência e sobrevivência de nossa identidade cultural. O que deveria se traduzir no empenho para erradicar a miséria, o analfabetismo, a degradação ambiental, a superação de preconceitos e discriminações de ordem sexual e racial, social e religiosa.

VI. EDUCAÇÃO POPULAR – O QUE É, COMO FAZER

IMPORTÂNCIA DE
PAULO FREIRE

Posso afirmar, sem receio de exagerar, que Paulo Freire é raiz da história do poder popular brasileiro nesses últimos sessenta anos. Poder que, como árvore frondosa, surge da esquerda brasileira; dos grupos que lutaram contra a ditadura militar; das Comunidades Eclesiais de Base; da enorme rede de movimentos populares e sociais; do sindicalismo combativo; dos partidos progressistas; de ONGs e entidades.

Se eu tivesse que responder à questão: "Aponte uma pessoa causadora de tudo isso." Eu diria, sem dúvida nenhuma, Paulo Freire. Sem ele não haveria esses movimentos e todo o processo social, porque nos ensinou algo de muito importante: ver a história pela ótica dos oprimidos.

OS EXCLUÍDOS COMO SUJEITOS POLÍTICOS

Ao sair da prisão, em fins de 1973, achei que toda luta aqui fora tinha acabado, até porque todos nós, "entendidos" em luta, estávamos na cadeia, mortos ou no exílio. E qual não foi a minha surpresa ao encontrar uma imensa rede de movimentos populares pelo Brasil afora.

Quando o PT foi fundado, em 1980, ouvi companheiros de esquerda comentarem: "Operários? Não. É muita pretensão operários quererem ser a vanguarda do proletariado. Somos nós, intelectuais teóricos, marxistas, que temos capacidade para dirigir a classe trabalhadora." No entanto, no Brasil, os oprimidos se tornaram não só sujeitos históricos, mas também lideranças políticas, graças ao método Paulo Freire.

Uma vez, em um país da América Latina, o pessoal de esquerda perguntou-me:

– Como fazer aqui algo parecido ao processo lá do Brasil? Porque vocês têm um setor de esquerda na Igreja, um sindicalismo combativo, partidos progressistas... Como se faz isso?

– Comecem a fazer educação popular – respondi –, e daqui a trinta anos...

– Trinta anos é muito! Queremos para três meses.

– Para três meses eu não sei – observei –, mas para trinta anos sei a receita.

Nada caiu do céu. Tudo foi construído com muita tenacidade.

O MÉTODO PAULO FREIRE

Conheci o método Paulo Freire em 1963. Eu morava no Rio de Janeiro, integrava a direção nacional da Ação Católica. Ao surgirem os primeiros grupos de trabalho do método Paulo Freire, engajei-me em uma equipe que, aos sábados, subia para Petrópolis, para alfabetizar operários da Fábrica Nacional de Motores. Ali, descobri que ninguém ensina nada a ninguém, o educador ajuda os educandos a aprenderem.

O que fazíamos ali na fábrica? Fotografamos as instalações, reunimos os operários no salão de uma igreja, projetamos diapositivos e fizemos uma pergunta absolutamente simples:

— Nesta foto, o que vocês não fizeram?
— Bem, não fizemos a árvore, a mata, a estrada, a água...
— Isso que não fizeram é natureza – dissemos.
— E o que o trabalho humano fez?
— Fez o tijolo, a fábrica, a ponte, a cerca...
— Isso é cultura. E como essas coisas foram feitas?

Eles debatiam e respondiam:

— Foram feitas à medida que os seres humanos transformaram a natureza em cultura.

Em seguida, mostrávamos uma foto com o pátio da Fábrica Nacional de Motores. Havia ali muitos caminhões e bicicletas dos trabalhadores. Simplesmente perguntavámos:

– Nesta foto, o que vocês fizeram?
– Os caminhões.
– E o que vocês possuem?
– As bicicletas.
– Como, vocês não estariam equivocados?
– Não, nós fabricamos os caminhões...
– E por que não vão para casa de caminhão? Por que vão de bicicleta?
– Porque o caminhão custa caro, e não pertence a nós.
– Quanto custa um caminhão?
– Custa cerca de 40 mil dólares.
– Quanto você ganha por mês?
– Bem, eu ganho 300 dólares.
– Quanto tempo você precisa trabalhar, sem comer nem beber, economizando todo o salário, para um dia ser dono do caminhão que você faz?

Então faziam cálculos e descobriam o que é mais-valia.

As noções mais elementares do marxismo vinham pelo método Paulo Freire. Com a diferença de que não dávamos aulas, não fazíamos o que Paulo Freire chama de "educação bancária", que visa enfiar noções de política na cabeça do trabalhador. O método era indutivo.

LINGUAGEM POPULAR

Quando cheguei a São Bernardo do Campo (SP), em 1979, havia grupos de esquerda que distribuíam jornais às famílias dos trabalhadores. Dona Marta me indagou:
– O que é "contradição de *crasse*"?
– Dona Marta, esqueça isso.
– Não sou de muita leitura – justificou-se ela –, porque a minha vista é ruim e a letra pequena.
– Esqueça isso – insisti. – Isso a esquerda escreve para ela mesma ler e ficar feliz, achando que está fazendo revolução.
Paulo Freire ensinou-nos não só a falar em linguagem popular, mas também a aprender com o povo. Ensinou o povo a resgatar sua autoestima.

CULTURAS DISTINTAS E COMPLEMENTARES

Ao sair da prisão, fui viver cinco anos em uma favela de Vitória. Lá, trabalhei com educação popular utilizando o método Paulo Freire. Ao retornar a São Paulo após anos de exílio, Paulo Freire propôs darmos um balanço de nossas experiências em educação e, graças à mediação do jornalista Ricardo Kotscho, produzimos um livro chamado *Essa escola chamada vida* (Ática). É o seu relato como criador do método e educador, e da minha experiência como educador de base.

No livro, conto que na favela em que eu morava havia um grupo de mulheres grávidas do primeiro filho, assessoradas por médicos da Secretaria de Saúde. Perguntei aos médicos por que apenas mulheres na primeira gestação?

– Não queremos mulheres que já tenham vícios maternais – disseram –, queremos ensinar tudo.

Pois bem, um mês depois bateram na porta do meu barraco.

– Queremos uma ajuda sua. Há um curto-circuito entre nós e as mulheres. Elas não entendem o que falamos. Você, que tem experiência com esse povo, poderia vir nos ajudar.

Fui assistir ao trabalho deles. Ao entrar no Centro de Saúde do morro de Santa Maria, fiquei assustado. Eram mulheres muito pobres, e o centro estava todo enfeitado com cartazes de bebês loirinhos, de olhos azuis, propaganda da Nestlé e outras semelhantes. Diante do visual, falei:

— Está tudo errado. Quando as mulheres entram aqui e olham para esses bebês, percebem que isso é de outro mundo, não tem nada a ver com os bebês do morro.

Assisti ao trabalho dos médicos e percebi logo que eles falavam em FM, e as mulheres estavam sintonizadas em AM. A comunicação realmente não funcionava. Em uma sessão, o doutor Raul explicou a importância do aleitamento materno para formação do cérebro, porque o ser humano é um dos raros animais, talvez o único, cujo cérebro nasce incompleto. Só se completa três meses após o nascimento, graças às proteínas do aleitamento materno.

Doutor Raul explicou tudo cientificamente. As mulheres o fitavam como encaro um texto de chinês ou árabe: nada entendo.

— Dona Maria, a senhora entendeu o que o doutor Raul falou? — perguntei.

— Não, não entendi, só entendi que o leite da gente é bom para a cabeça das crianças.

— E por que a senhora não entendeu?

— Porque não tenho estudo. Fui muito pouco na escola, nasci pobre, na roça. Eu tinha que trabalhar na enxada e ajudar no sustento da família.

— Dona Maria, por que o doutor Raul soube explicar tudo isso?

— Porque ele é doutor, é estudado. Ele sabe e eu não sei.

— Doutor Raul, o senhor sabe cozinhar? — indaguei.

— Não, nem café sei fazer.

– Dona Maria, a senhora sabe cozinhar?
– Sei.
– Sabe fazer frango ao molho pardo (que no Espírito Santo, e também em algumas áreas do Nordeste, é um prato chamado galinha de cabidela)?
– Sei.
– Fique de pé – pedi – e conte pra gente como se faz um frango ao molho pardo.

Dona Maria deu uma aula de culinária: como se mata o frango, de que lado se tiram as penas, como preparar a carne e fazer o molho etc.

Virei-me de lado:
– Doutor Raul, o senhor sabe fazer um prato desse?
– De jeito nenhum, até gosto, mas não sei.
– Dona Maria – concluí –, a senhora e o doutor Raul, os dois perdidos em uma mata fechada e um frango, ele, com toda cultura dele, morreria de fome e a senhora não.

A mulher abriu um sorriso de orelha a orelha, porque descobriu, naquele momento, um princípio fundamental de Paulo Freire: *não existe ninguém mais culto do que o outro, existem culturas distintas, socialmente complementares.* Se pusermos na balança toda minha filosofia e teologia, e a culinária da cozinheira do convento em que vivo, ela pode passar sem minha filosofia e teologia, mas eu não posso passar sem a cultura dela. Esta a diferença.

EM MEMÓRIA DE
PAULO FREIRE

Eis o texto que escrevi no dia 2 de maio de 1997, data da transvivenciação de Paulo Freire:
"Ivo viu a uva", ensinavam os manuais de alfabetização. Mas o professor Paulo Freire, com o seu método de alfabetizar conscientizando, fez adultos e crianças, no Brasil e na Guiné-Bissau, na Índia e na Nicarágua, descobrirem que Ivo não viu apenas com os olhos. Viu também com a mente e se perguntou se uva é natureza ou cultura.

Ivo viu que a fruta não resulta do trabalho humano. É Criação, é natureza. Paulo Freire ensinou a Ivo que semear uva é ação humana na e sobre a natureza. É a mão, multiferramenta, despertando as potencialidades do fruto. Assim como o próprio ser humano foi semeado pela natureza em anos e anos de evolução do Cosmo.

Colher a uva, esmagá-la e transformá-la em vinho é cultura, assinalou Paulo Freire. O trabalho humaniza a natureza e, ao realizá-lo, o homem e a mulher se humanizam. Trabalho que instaura o nó de relações, a vida social. Graças ao professor, que iniciou sua pedagogia revolucionária com trabalhadores do Sesi de Pernambuco, Ivo viu também que a uva é colhida por boias-frias, que ganham pouco, e comercializada por atravessadores, que ganham melhor.

Ivo aprendeu com Paulo que, mesmo sem ainda saber ler, ele não é uma pessoa ignorante. Antes de aprender as letras, Ivo sabia erguer uma casa, tijolo a tijolo. O médico, o advogado ou o dentista, com todo o seu estudo, não é capaz de construir como Ivo. Paulo Freire ensinou a Ivo que não existe ninguém mais culto do que o outro, existem culturas paralelas, distintas, que se complementam na vida social.

Ivo viu a uva e Paulo Freire mostrou-lhe os cachos, a parreira, a plantação inteira. Ensinou a Ivo que a leitura de um texto é tanto melhor compreendida quanto mais se insere o texto no contexto do autor e do leitor. É dessa relação dialógica entre texto e contexto que Ivo extrai o pretexto para agir. No início e no fim do aprendizado é a práxis de Ivo que importa. Práxis-teoria-práxis, processo indutivo que torna o educando sujeito histórico.

Ivo viu a uva e não viu a ave que, de cima, enxerga a parreira e não vê a uva. O que Ivo vê é diferente do que vê a ave. Assim, Paulo Freire ensinou a Ivo um princípio fundamental da epistemologia: a cabeça pensa onde os pés pisam. O mundo desigual pode ser lido pela ótica do opressor ou pela ótica do oprimido. Resulta uma leitura tão diferente uma da outra como entre a visão de Ptolomeu, ao observar o sistema solar com os pés na Terra, e a de Copérnico, ao imaginar-se com os pés no Sol.

Agora Ivo vê a uva, a parreira e todas as relações sociais que fazem do fruto festa no cálice de vinho, mas já não vê Paulo Freire, que mergulhou no Amor na manhã de 2 de maio de 1997. Deixa-nos uma obra inestimável e um testemunho admirável de competência e coerência.

Paulo deveria estar em Cuba, onde receberia o título de Doutor Honoris Causa, da Universidade de Havana. Ao sentir dolorido seu coração que tanto amou, pediu que eu fosse representá-lo. De passagem marcada para Israel, não me foi possível atendê-lo. Contudo, antes de embarcar, fui rezar com Nita, sua mulher, e os filhos, em torno de seu semblante tranquilo: Paulo via Deus.

EDUCAÇÃO PROFISSIONAL

No Brasil, nada mais difícil do que encaminhar o filho para um curso profissionalizante. São raros e caros, e sempre muito concorridos. Os gratuitos quase nunca primam pela qualidade, embora haja avanços com o Pronatec. É como se fôssemos uma nação que tem a pretensão de pensar com a cabeça sem saber o que fazer com as mãos.

A educação profissional é tratada como subproduto pedagógico, coisa para quem não teve estudos mais abstratos e avançados. A exceção é mérito da iniciativa privada, através do SESI, do SENAC e do SENAI.

Será que todos percebem que para um país gabar-se de sua alta costura é preciso, primeiro, investir no setor da moda? Na França, há um Ministério da Educação Profissional. A rede pública e gratuita de educação acolhe, naquele país, mais de 90% das crianças acima de três anos, e escolariza 100% dos jovens de cada geração francesa. O desafio agora é ampliar essa oferta para os jovens imigrantes que, a cada dia, entram no país. Antes, chegavam famílias ou chefes de família. Hoje, jovens fugitivos da guerra e da miséria buscam refúgio na França.

O Ministério da Educação Profissional não se empenha apenas em alfabetizar e dotar de qualificação profissional os educandos. Procura integrar o saber técnico-científico-manual e o aprimoramento intelectual, humanístico, cultural. Mantém ainda o projeto Educação Por Toda a Vida, através do qual um trabalhador pode sempre ter acesso a cursos que o ajudem a melhorar seu desempenho profissional.

A mercantilização da educação é uma forma de impedir o avanço de uma nação, pois aumenta o índice de excluídos culturais, favorecendo o colonialismo ideológico das nações periféricas pelas metropolitanas. Como é o caso do roubo de cérebros, que incentiva a imigração seletiva de pessoas altamente qualificadas, formadas com muita dificuldade em países pobres.

EDUCAÇÃO NAS CLASSES POPULARES

O fato de os representantes dos setores da base social, tanto da cidade quanto do campo, dizerem *a sua palavra* é, sem dúvida, um acontecimento marcante. Lembro quando, pela primeira vez, em um encontro de Comunidades Eclesiais de Base, vi bispos, padres e agentes pastorais literalmente calados, ouvindo e aprendendo com operários e lavradores que, de posse da palavra, insistiam em não largá-la. Ali estava representado o povo, secularmente reprimido – inclusive em suas formas e possibilidades de expressão –, retomando a palavra com plena consciência de que tinha algo a dizer. Homens e mulheres das comunidades de base falaram de suas experiências, de suas lutas e de seus sofrimentos. Não faltou nem um cacique indígena que narrou, sem nenhuma ponta de ironia, o esforço de sua tribo para *pacificar os brancos...*

Esse acontecimento é um sinal que faz pensar sobre o seu significado. *Por trás das palavras* há todo um processo de trabalho junto à base popular, que exige um esforço contínuo de reflexão e debate, sobretudo pela consciência que se tem dos riscos e equívocos que o ameaçam. Contudo, a conquista de uma *nova pedagogia*, não só nos trabalhos feitos pela Igreja mas também por outros setores sociais, é o dado mais importante que emerge nesse processo, justamente porque vem questionar, profundamente, os métodos tradicionais utilizados pelos grupos que, junto à base popular, buscam um projeto social alternativo.

A EDUCAÇÃO E O EDUCADOR POPULAR

Considero *educação popular* todo esforço que se situa na linha de *conscientização* e *mobilização* – entendidas como contribuição à emergência de uma consciência explícita de classe e de mudança da sociedade, e na linha da *libertação*, como busca de um projeto social alternativo que englobe tanto o regime do governo quanto o sistema capitalista de produção. Este esforço é *popular* por se centrar na parcela da população que sobrevive, basicamente, da venda ou do emprego de sua força física de trabalho: operários, lavradores, posseiros e assalariados rurais, pequenos proprietários, vaqueiros, peões de fazenda e boias-frias, domésticas, lavadeiras, trabalhadores manuais autônomos e comerciários, demais subdesempregados e funcionários não qualificados de empresas públicas e privadas. Enfim, o que se considera *base da sociedade*.

Nesse sentido, nada têm de educativo nem de popular as iniciativas, tipo oficiais, destinadas, explícita ou implicitamente, a impedir que os setores populares, principalmente os trabalhadores, sejam sujeitos de seu destino histórico e força hegemônica de um processo alternativo global, capaz de mobilizar todas as frações de classes que não se encontram diretamente vinculadas à atividade produtiva material.

A amplitude da tarefa educativa vale, aqui, para a função de *educador*. Com este termo, quero designar todos aqueles que, mesmo oriundos das classes média e alta, estão engajados no exercício da educação popular, à qual procuram dar uma consistência ideológica e uma direção histórica. De certo modo, o termo *educador* inclui todos aqueles que, vinculados à base popular, são conhecidos como "intelectuais", "vanguarda" etc. Propositadamente evito essas qualificações, não apenas pela ressonância ambígua que contêm, mas sobretudo pelo interesse de ressaltar, a partir da prática das comunidades de base, a *questão pedagógica*, ou seja, o modo pelo qual se relacionam o educador (agente pastoral, político ou mesmo partido político) e os educandos (as classes populares).

NINGUÉM EDUCA NINGUÉM

E is um princípio teoricamente inquestionável: são os educandos que se educam. Isso quer dizer que eles devem ser sujeitos de sua própria formação, e não – como o princípio poderia sugerir – que o processo educativo é espontâneo. Não o é, mesmo porque nenhum educando pode criar a sua educação a partir do zero. Todo ser humano sofre determinações histórico-familiares. Essas influências são, por sua vez, conjugadas com as condições socioculturais em que ele nasce, e consubstanciadas na posição de classe que é levado a assumir. Assim, cada um de nós é uma pessoa geograficamente situada, historicamente determinada, culturalmente condicionada em sua formação, não apenas pelo meio, mas sobretudo pela classe a que pertence.

Ora, no seio de uma sociedade cindida em antagonismos de classes, o processo educativo, em geral, visa impor aos educandos um modelo cultural segundo as aspirações e os objetivos da classe que controla a sociedade pela coerção e dominação ideológica (hegemonia). Assim, a educação *reproduz* a sociedade. Porém, numa dimensão libertadora, isso que chamamos de educação popular quer *transformar* a sociedade e não reproduzir a ideologia dominante que a justifica em sua atual formação. Resta saber qual é o modelo cultural (ideológico) da educação popular e quem o controla.

O EDUCADOR PROMOVE OS ALUNOS

Os pressupostos genéricos da educação popular encontram sua raiz na concepção de que os trabalhadores e as camadas populares devem assumir o processo histórico como sujeitos. No entanto, aparentemente essa concepção não se encontra na cabeça dos educandos, mas sim na do educador, ou seja, dessas pessoas e setores que pretendem *criar as condições* para que os trabalhadores se eduquem, isto é, venham a assumir-se como protagonistas da história.

Encontramos frequentemente entre os educadores (sejam pessoas, grupos de assessoria ou partidos políticos) o modelo que, sob o objetivo de libertação, se limita a promover os trabalhadores. Os adeptos da "promoção do povo" procuram criar condições para que a base popular possa emergir da opressão em que vive, através de iniciativas e recursos que ampliem a sua esfera de direitos e bem-estar.

Dentro dessa postura, justificam-se inúmeras atividades "amenizadoras" do sofrimento popular. Este modelo se situa mormente na questão dos *meios* – o que fazer, e não por que fazer. Não questiona o seu próprio objetivo, implicitamente voltado para a adaptação dos educandos ao sistema socioeconômico vigente. É um modelo que busca a sua linha de equilíbrio em uma situação em que os educandos estariam livres do espectro da miséria e, ao mesmo tempo, distantes da figura do capitalista que, saído da camada popular, "venceu na vida" e assumiu status burguês.

Ora, ao não levar em conta a conjugação de forças sociais, políticas e econômicas que atuam sobre a atividade e a mente dos educandos, esse modelo dificilmente escapa da ingênua pretensão de criar uma *ilha* entre o proletariado e a burguesia. Quando muito, esta ilha fica integrada no vasto arquipélago da classe média, ao sabor da prática assistencialista e da ideologia reformista do educador.

Os educandos passam a temer as aspirações objetivas dos trabalhadores, sobretudo quando encarnadas em lutas concretas, tanto quanto a dominação exacerbada da burguesia. Içados de sua classe de origem por essa "promoção" agenciada de cima para baixo, os educandos fazem do aprendizado um meio de resolver o seu problema, numa postura ética que procura servir de exemplo a quantos queiram "vencer na vida"...

O EDUCADOR LIBERTA OS EDUCANDOS

Este modelo, ao contrário do anterior, possui mais clareza quanto aos fins – a busca de um projeto social alternativo, pós-capitalista. Encontra-se geralmente encarnado em educadores oriundos das classes média e alta ou, quando são de origem popular, nem sempre escaparam de certa adaptação ideológica às aspirações – por vezes romanticamente revolucionárias – de setores não populares.

A primeira iniciativa desses educadores costuma ser criar os seus próprios meios ou instrumentos pelos quais possam fazer educação popular. Assim, há um equívoco de origem, que tende a comprometer todo o andamento do trabalho: supor que, *fora da base popular, sem nenhum vínculo com trabalhadores, seja possível criar o instrumento capaz de propiciar a educação popular.*

Ao criar, sem contato com a base, o instrumento de educação popular – suponhamos, uma equipe de assessoria ou um partido político –, o resultado será, inevitavelmente, um instrumento que reflita, em sua estrutura interna e em seus objetivos, o *lugar social* a partir do qual ele foi criado. Se se trata de um lugar social não popular, como o da pequena-burguesia intelectualizada ou da atividade parlamentar tradicional, é evidente que o instrumento será o reflexo – independentemente da vontade e das intenções de seus articuladores – do lugar social e dos compromissos de classe em que estes se situam. Desse modo, a educação será, de fato, não um processo *a partir* da base popular, mas uma educação pequeno-burguesa, pretensamente progressista, voltada ou destinada à base popular. Será uma educação *para,* e não uma educação *em* e *com.*

Nessa educação-para, conservar-se-ão os interesses (e também os vícios) de classe a partir da qual ela se articula. O povo, no caso, será o elemento passivo fadado a sofrer, mais uma vez, uma ação opressora, manipuladora, direcionista, por mais carregada de intenções libertadoras que seja em seus propósitos e objetivos.

O PARTIDO POLÍTICO COMO EDUCADOR

Sirva de exemplo este instrumento que canaliza e amplia as formas de organização e o potencial de mobilização da base, dando-lhe caráter representativo na conjugação entre as forças infraestruturais e superestruturais – o partido político. Um partido popular supõe, no mínimo, a participação de trabalhadores, daqueles que encarnam e manipulam as forças produtivas. Essa base qualifica um partido como *popular*, representativo *dos trabalhadores*, e não a intenção de seus fundadores ou do programa de ação sistematizado na forma de plataforma política.

Caso contrário, ter-se-á um partido "popular" sem povo, ou "dos trabalhadores" sem participação de núcleos operários, ou mesmo um partido populista, capaz de mobilizar as massas em torno de figuras messiânicas e de propostas imediatas, mas incapaz de organizá-las e conduzi-las a um projeto social alternativo. Contudo, mais grave ainda é um partido que tenha, de fato, setores de base, mas sem que detenham a hegemonia de sua condução política. Assim, em nome do povo, manipula-se o povo.

Historicamente, em nossa realidade social, essa manipulação já se manifestou como expressões *populista* e *vanguardista*. A primeira joga com os elementos da ideologia dominante introjetados na mente das camadas populares, como, por exemplo, a ideia de que só o político profissional é capaz de fazer algo *para* o povo. Assim, o núcleo popular se mobiliza em torno da figura de um caudilho ou de uma proposta partidária nascida *de fora para dentro,* delegando a ele a responsabilidade e a representatividade que, em princípio, o próprio núcleo deveria assumir por meio do processo de educação popular. Há uma transferência do poder popular para o poder encarnado na figura do político ou do partido.

Nesse sentido, a base *apenas legitima* a atuação de uma cúpula política que, por sua vez, faz dessa base o seu reduto eleitoral. O ponto de referência dessa cúpula é, quase sempre, a superestrutura, os mecanismos oficiais de poder, que norteiam a mobilização da base em função do poder que está presente, de fato, no seio dela própria, embora de maneira latente e nem sempre consciente.

A manipulação vanguardista se manifesta quando um grupo se arvora em único intérprete daquilo que é bom e necessário para o povo. Toda iniciativa nasce no interior desse grupo artificialmente estruturado, bem como o programa político e as normas de ação, e não através das formas próprias de organização da base.

Imbuído de uma ideologia que o *autolegitima*, o grupo vai à base – não como quem serve e caminha com os trabalhadores –, mas como quem *coopta* na base novos membros para o grupo partidário.

O grupo é sempre ato primeiro; o povo, ato segundo. Quase tudo é pensado em função da qualidade do grupo e não da qualidade das formas de articulação e organização que nascem na base. A realidade é conhecida, não por meio da vivência, e sim das "rigorosas" análises que mais revelam o dogmatismo dos conceitos utilizados do que as contradições reais em curso. Daí a perene defasagem entre essas propostas políticas "religiosamente imaculadas" e a efetiva mobilização da base.

OS QUATRO EQUÍVOCOS

Entre os vários equívocos que viciam, na raiz, tanto o populismo quanto o vanguardismo, destacamos o elitismo, o golpismo, o cientificismo e o centralismo. O *elitismo* é a índole dos instrumentos nascidos fora da base por iniciativa de setores que não possuem nenhuma vinculação efetiva com as camadas populares, embora estejam interessados em ajudá-las, salvá-las ou libertá-las. Como reflexo dos vícios de classe que nele se encarnam, o elitismo tende a favorecer lideranças carismáticas e a ressuscitar velhos caudilhos, em torno dos quais se faz a articulação política, aceitando a palavra desses corifeus quase como um dogma.

A visão que se tem da conjuntura é a de uma pessoa ou de uma cúpula, centrada nas contradições da superestrutura, e não nutrida pelas experiências dos núcleos de base, suas etapas de luta e de crescimento na explicitação da consciência de classe. O poder da racionalidade, da estrutura lógica dos argumentos, do conhecimento acadêmico, impõe-se e sobrepõe-se à sabedoria popular, à dificuldade de a base expressar suas análises nos mesmos termos, à aguda percepção que o povo tem de seu sofrimento, de suas lutas e de confiança em seu próprio saber.

A tendência elitista acredita em seu próprio discurso como expressão da verdade e, por isso, elabora textos e programas que são remetidos à base, que deve assimilá-los e nortear-se por eles.

Daí a impossibilidade, do alto dessa postura, de aprender com a base, de saber *ler* os seus passos, de compreender o seu sentir e o seu saber.

O *golpismo*, frequentemente encontrado nos instrumentos elitistas, se caracteriza por sua referência, quase exclusiva, à esfera do poder oficial. Os adeptos dessa tendência não se perguntam como chegar à base popular, mas sim como chegar ao poder. De modo consciente ou não, a base é apenas o *meio* pelo qual o grupo, que se arvora em "condutor das massas", procura trafegar pelas vias que conduzem ao poder. Não se faz o exercício do poder popular na organização e na mobilização da própria base. Esta é manipulada sob o pretexto de que deve ser conduzida por quem possui "a visão global do processo". A questão primordial do poder não é colocada pelos golpistas: a da mudança – não apenas do *caráter* do poder –, mas sobretudo da *natureza* do poder, através da hegemonia dos trabalhadores.

Tanto o *cientificismo* quanto o *centralismo* são filhos bastardos da interpretação errônea, mecanicista, que se faz de Marx, um dos mestres da ação política. Interpretação feita fora do contexto, não apenas do conjunto de sua obra, mas sobretudo de sua prática, por quem extrai frases aleatoriamente.

A concepção do cientificismo é de que "a ciência vem de fora do povo", como se o educador fosse imune à ideologia dominante e tivesse cartesiana apreensão de como aplicar os conceitos da ciência histórica à realidade social. Não leva em conta o saber popular, a capacidade de os educandos apreenderem, à sua maneira, não apenas a realidade em que vivem, mas inclusive um modo próprio de decifrar essa realidade.

O saber objetivo, revestido de categorias acadêmicas, é tido como *a verdade*, cabendo ao educador, messianicamente, "revelá-la" à consciência "alienada" do povo.

Esta postura impede o educador de perceber a *intuição de classe* das camadas populares e a validade de seus canais próprios de expressão. Dotado de meia dúzia de axiomas, ele "ensina" aos educandos, explica como funcionam os mecanismos e as contradições da sociedade capitalista. Ignora com esta atitude que os educandos fazem a experiência direta desses mecanismos e dessas contradições e, à maneira deles, sabem explicá-los, embora o façam com uma lógica diferente daquela que possui o educador.

Isso, porém, não significa que os educandos sejam capazes de, por si sós, elaborar o conjunto de mediações socioanalíticas necessárias à compreensão da realidade. É na relação dialogal educador-educandos, a partir do universo mental dos educandos, que o educador ajuda a criar as condições de percepção dessas mediações.

Da mesma forma, o *centralismo* muitas vezes se apresenta sem o seu caráter *democrático*. Transforma-se em princípio legitimador de uma cúpula que decide sem consulta às bases, como se a ação brotasse de discussões teóricas e não das exigências do real e de uma análise de conjuntura feita a partir e com os educandos. Destes, é tirado o poder de decidir, escolher e rejeitar seus dirigentes, traçar os rumos do caminho a seguir e estabelecer seus próprios instrumentos de luta, tanto em nível reivindicativo (econômico) quanto político.

Ora, a educação popular não concebe um educador como centro receptor e emissor na relação com as bases. Quer justamente quebrar essa estrutura hierarquizada, estanque, vertical, adotada pelos instrumentos burgueses.

OS EDUCANDOS REEDUCAM O EDUCADOR

A educação popular, como processo autônomo, supõe que a própria base seja sujeito de sua educação. Isso implica *dirigir* o seu processo educativo, discutir, refletir, avaliar sua prática. Desse processo é que devem brotar as formas de organização dos educandos, e não de propostas pré-fabricadas em gabinetes elitistas dos que se aproximam da base para perpetuar a "política do prato feito", ou seja, "ganhar lideranças", "capitalizar o potencial de mobilização", "conquistar" setores sem nenhuma inserção prévia no dia a dia do povo.

Só assim o educador é reeducado pelos educandos, ao mesmo tempo em que contribui para criar as condições de educação da base.

O educador, como fruto do processo educativo estruturado sob a égide da ideologia dominante, tende a reproduzi-la, apesar de seus matizes críticos pelos quais forma os educandos. Sob essa égide, tanto mais educado será o educando quanto mais adaptar-se aos mecanismos sociais vigentes e a seus parâmetros ideológicos. Isso ocorre porque o educador se entende como alguém dotado de um saber rotulado de científico, que deve ser infundido no povo, em oposição ao saber "empírico" e "espontâneo" do povo.

Ao dirigir-se à base com uma proposta libertadora, o educador deveria despir-se, o quanto possível, da carga que traz de seu meio de origem e de seu processo de formação. Isso não se obtém por mera intenção, mas por uma efetiva revolução cultural, por uma prática pela qual *o educador se deixa reeducar pelos educandos*. Antes de falar, ouve; antes de ensinar, aprende; antes de explicar, pergunta; antes de formular, pratica; antes de querer conduzir, deixa-se conduzir.

A TEORIA COMO FRUTO DA PRÁTICA

Não é suficiente estar vinculado à base para se ter uma prática consequente – a que contribui para as camadas populares se assumirem como sujeito de seu processo político e histórico. Ela é fruto de sua articulação à teoria que desvenda as contradições internas do capitalismo, a articulação das forças produtivas com as relações de propriedade, e sistematiza os interesses objetivos dos trabalhadores dentro de uma concepção dialética.

Todavia, o simples estudo da teoria não concede ao educador a forma correta de aplicação dos conceitos à prática. Há o risco de querer *impor a teoria à prática*, mecanicamente, como se houvesse coincidência entre o conhecimento que se tem da realidade e a realidade em si. Esse equívoco leva o educador a pautar-se, não por aquilo que extrai de seus vínculos com os educandos, mas por suas análises genéricas da realidade.

Assim, coloca-se como proprietário do saber, detentor da visão global do processo e, portanto, aquele que encarna as aspirações latentes na consciência popular. Tomando-se como modelo, reproduz na base o que o sistema dominante faz na escola: repete o seu saber, promovendo cursos e palestras em que a teoria "é ensinada" ao povo...

Vinculado à prática dos educandos, em atitude de escuta e aprendizado, o educador *recria* a teoria a partir da prática, redimensiona os seus conceitos levando em conta as exigências do trabalho, questiona as suas análises baseando-se na realidade concreta em que vivem os trabalhadores e o real estágio de sua consciência de classe. Enfim, passa a acreditar que o próprio povo é capaz de, à sua maneira (o que não significa "menos científica"), elaborar a teoria que nasce da prática e, assim, traçar o rumo de sua ação.

Esse esforço não se dá espontaneamente nem a base chega, sozinha, a formular sistematicamente a teoria. É dialeticamente articulado com as referências teóricas trazidas pela presença do educador junto aos educandos, e não do educador *para* os educandos ou dos educandos para si mesmos.

Na relação teoria-prática, o educador tanto pode partir da teoria quanto da prática. Na primeira hipótese, que chamamos de "clássica", dotado de uma análise de classes da sociedade, de certa informação das lutas populares do passado e de uma análise de conjuntura, o educador procura extrair dessa visão teórica um saldo prático, isto é, uma posição política geralmente assumida como justificável. Em resumo: a única correta. Imbuído e convencido de suas análises, o educador parte para a prática, na tentativa de aplicar os seus conceitos e as suas ideias à realidade objetiva com a qual se defronta.

Em princípio, a defasagem constatada entre o arcabouço teórico e a prática vivida deveria levar o educador a rever suas teorias a partir da prática, da autocrítica dessa prática e de outras que a antecedem, sobretudo de erros cometidos. Todavia, por vezes o educador "clássico" atribui essa defasagem à "insuficiência teórica da base popular", como se esta ainda não estivesse suficientemente preparada para enfrentar a proposta de transformação da sociedade. Encastelado em suas teorias, o educador justifica o seu recuo perante os educandos em nome da "ignorância do povo". Ou, então, aguarda como um milagre a emergência política das massas... quando elas, afinal, compreenderão as teorias que ele encarna...

Essa postura encontra raízes na tradição dos instrumentos políticos utilizados no Brasil pós ditadura militar. Como esses instrumentos não atingiram ainda o estágio mínimo necessário para se afirmarem e se firmarem como populares – o que só será possível quando estiverem sob a direção dos trabalhadores –, não é de se estranhar que reflitam os condicionamentos do arcabouço teórico, por vezes acadêmico, sem uma releitura da nossa realidade social.

Por outro lado, a posição social do educador, vinculado às classes média (certamente quanto à sua óptica) e alta (por vezes quanto a seus hábitos de vida), condiciona igualmente o grau e o caráter de sua inserção no processo de educação popular. Ele é alguém que "pensa" esse processo, *mas não o realiza na medida em que não participa efetivamente da prática popular*. Seu pensamento, desligado do terreno da base, torna-se facilmente mecanicista, como se as contradições do real fossem, inevitavelmente, realizar e confirmar os prognósticos decorrentes de suas análises. Alimentado por informações oriundas de livros e da imprensa, o educador adquire uma visão superestrutural do processo, acreditando-a como global e definitiva. Daí sua perplexidade quando há um retrocesso "impossível", como no caso do Chile de Allende e do PT no Brasil.

Geralmente, as análises do educador são condicionadas, ainda, pelos interesses da tendência política à qual ele se filia ou se relaciona mais estreitamente. Se essa tendência se considera *a* representante dos trabalhadores, então todas as análises feitas pelo educador partirão, certamente, do pressuposto de que já existe *a* direção política do processo social, capaz de expressar corretamente os interesses da base, conduzi-la e orientá-la num determinado rumo.

Ora, a teoria formulada pela direção política, e não oriunda da prática que conduz ao objetivo, só consegue *ler* parcialmente a realidade, pois lhe escapam todos os outros aspectos que não correspondem aos pressupostos estabelecidos. É o caso da atitude de certos educadores ateus diante do fenômeno religioso – não conseguem encará-lo senão como mera alienação a ser suprimida pelo fim das contradições entre as classes...

O fato de alguns educadores, enquanto reproduzem elementos teóricos, o fazerem em nome do povo, apesar de desvinculados da base, não significa que tenham consciência desse papel que desempenham. Se, por razões perfeitamente explicáveis, se encontram desligados de uma atividade concreta com educandos, sua produção será determinada, sobretudo, por exigências teóricas de correntes políticas, e não por exigências específicas da atuação dos trabalhadores.

Nesse sentido, suas análises correm o risco de não levar em conta o sujeito fundamental do projeto de transformação – a classe popular, com seu nível de consciência, articulação, organização, mobilização etc. Assim, suas análises de conjuntura tornam-se mais análises da estrutura do poder que da configuração das forças sociais em confronto.

A NOVA POSTURA
DO EDUCADOR

A prática da base popular começa a questionar esse tipo de relação com os dados teóricos e aponta um novo caminho. Este foi aberto pela própria necessidade que os educandos sentem de recorrer aos dados teóricos. Contudo, se são as exigências do trabalho que suscitam essa necessidade, por que não "aprender" a teoria, refazendo-a desde essas exigências? Isso implica mudança do *lugar* a partir do qual a teoria é elaborada e do modo de fazê-la.

A mudança de lugar supõe que o educador estabeleça vínculos de trabalho com os educandos, e passe a encarar o processo social pela óptica dos interesses objetivos das classes trabalhadoras. Porém, teoria nunca é verdade acabada, mas aprofundada, e mesmo reformulada, pela prática dos educandos que têm a verdadeira *posse* daquilo que o discurso teórico quer exprimir. Quanto ao modo, não se trata de sistematizar, de qualquer maneira, a matéria-prima fornecida pela prática e devolvê-la aos educandos. Nem fica dispensada a exigência de ir além do saber "comum", retórico ou ideológico, o que não significa fazer da teoria uma arquitetura de conceitos ou uma soma de conhecimentos.

Trata-se de estabelecer, desde a prática popular e em sintonia com ela, uma *atividade teórica* que, por sua vez, tenha ressonância no trabalho concreto. A teoria não é mero reflexo do real ou sua representação simbólica. É a recriação do real no interior da consciência. Permite *ver* e entender o real – que, em si, é fragmentado – como um conjunto articulado. À luz de uma visão geral, a teoria torna possível decifrar melhor o particular. Por isso, ela transcende a atividade prática, mas cai no idealismo quem a considera capaz de transformar, por si mesma, a realidade. O que a teoria transforma são os conhecimentos que se tem da realidade. É a prática que modifica o real. Da interação dialética entre teoria e prática, fundada na luta dos trabalhadores, resulta o processo de transformação.

É papel do educador criar condições objetivas pelas quais a base se eduque, favorecendo e estimulando os pequenos instrumentos que nascem na própria base, bem como suas formas de expressão popular. Nessa interação dialética educador-educandos, o primeiro não fica esperando "por respeito ao povo" que os educandos adquiram, espontaneamente, consciência política; procura ajudá-los a desvendar os mecanismos de exploração e poder da sociedade capitalista. Isso é tanto mais fácil quanto menos se parte de princípios teóricos extraídos de livros, e sim da experiência de exploração que os educandos carregam e, por outro lado, do exercício de seu poder popular nas lutas que travam, como é o caso da luta pela terra, dos movimentos de moradia e das greves.

Essas lutas devem estar vinculadas à história dos trabalhadores, a fim de que os educandos tomem posse da memória do trajeto percorrido, o que aumenta a confiança em suas próprias forças. Nisso, o educador desempenha papel preponderante ao comunicar experiências de libertação vividas por grupos populares ao longo de nossa história e os esforços de libertação de outros povos. Essa comunicação se completa na medida em que se articula com as próprias experiências dos educandos, desvenda, no pano de fundo de uma simples luta local ou regional, a ligação com toda a história dos oprimidos em busca de libertação.

Este me parece o caminho pelo qual os educandos adquirem consciência da *vida como processo histórico*, e não como mero fenômeno biológico. Libertam-se, assim, da percepção meramente empírica ou pragmática e percebem o alcance de seus esforços.

NOVOS PARADIGMAS

Iniciei-me na educação popular em 1978, em São Paulo, no Centro de Educação Popular do Instituto "Sedes Sapientiae" (Cepis). Na época, havia uma série de barreiras e dificuldades. Éramos um grupo de educadores recém-saídos da prisão, e ainda vivíamos sob a ditadura. Graças ao apoio de madre Cristina Sodré, foi possível criar o Cepis. Eu morava em Vitória, e o Cepis me levou de volta a São Paulo no ano seguinte.

AS ESFERAS SOCIAIS

Sempre trabalhamos com o esquema de esferas sociais, para visualizarmos o papel da educação popular na formação da sociedade civil e também para termos a visão do que seria estratégico em um processo de transformação social. A sociedade divide-se em esferas de organização social. A ordem adotada foi a histórica, de 1964 para cá.

1. Historicamente, a primeira esfera foi a da pastoral. As Comunidades Eclesiais de Base que, primeiro, se reorganizaram no mundo popular brasileiro, após o golpe militar de 1964.
   Havia grupos de esquerda, uns na luta armada, outros não. Mas todos, em minha avaliação, com perfil elitista. Mesmo que tivessem a presença de camponeses e operários, a concepção e o desempenho revelavam um perfil elitista. Na luta armada, tínhamos coragem, armas, dinheiro, ideologia, concepção estratégica etc. Só faltava um dado: apoio popular. Detalhe fundamental! Não havia suficiente enraizamento no mundo popular. Tanto que para se esconder dependia-se do aluguel de imóveis. Não havia povo para nos acolher em suas casas. Nas décadas de 1980 e 1990, militantes que atuavam na esfera popular passavam despercebidos pela repressão. Antes de 1980, quase não existia esse tipo de inserção.

Quando deixei a prisão, em fins de 1973, encontrei uma rede de movimentos populares espalhada Brasil afora. A pergunta foi: como é possível esses movimentos, se a esquerda não estava lá para fazer isso? Então entendi o trabalho da pastoral popular. A partir do método *ver, julgar e agir* – os fatos da vida cotejados com os da Bíblia –, a pastoral suscitava, na reflexão de pessoas que frequentavam a Comunidade Eclesial de Base, a necessidade de luta por água, passarela, farmácia comunitária, centro de saúde etc.

2. A segunda é a esfera do movimento popular. O compromisso social das Comunidades Eclesais de Base promoveu e incentivou o aparecimento, na metade da década de 1970, de uma malha de movimentos populares.

3. A terceira é a esfera do movimento sindical. Ainda na década de 1970, os movimentos populares começaram a ganhar caráter de classe. Através das oposições sindicais, contribuíram para o ressurgimento do movimento sindical. A greve de 1978, na Scania, em São Bernardo do Campo (SP), ilustra o processo que levou à nova reafirmação do sindicalismo brasileiro, culminando, em 1983, com a fundação da CUT.

4. A quarta esfera é a de grupos e partidos políticos. O movimento social popular, por seu caráter de classe, adquiriu uma formatação própria. Aí se esboçaram projetos de sociedade, que se consubstanciaram em partidos políticos.

5. A quinta esfera são os partidos que, por sua vez, decidiram disputar espaços no poder estatal. Com isso, conseguiram chegar às administrações populares (prefeituras, governos estaduais, governo federal).

Quem não se encontra inserido em uma dessas cinco esferas dificilmente está comprometido com a justiça social. São esferas de articulação do movimento social brasileiro. Não há como articulá-lo fora delas.

DESAFIOS ÀS ESFERAS

No início das atividades do Cepis, sonhávamos em fazer revolução no Brasil. Naquela época, perguntávamos: é possível fazer revolução sem uma dessas esferas? Se alguém dissesse que sim, teria que dizer qual delas seria dispensável. Significava afirmar que havia esferas estratégicas e táticas.

Hoje, é consenso não ser possível fazer qualquer mudança ou transformação social no Brasil dispensando uma delas. Quer dizer, todas são estratégicas.

Boa parcela da esquerda mexicana se diz agnóstica, ateia ou anticlerical. Por razões históricas, a revolução mexicana de 1912 se fez contra a Igreja. Digo aos companheiros do México: enquanto a companheira Guadalupe (padroeira do México) não aderir à proposta de vocês, aqui não haverá mudanças!

Acredito que no Brasil é a mesma coisa: enquanto a companheira Aparecida não aderir, não tem jeito. Não dá para fazer mudança social com a companheira Aparecida ao lado dos que se opõem. A Igreja é um setor estratégico no contexto latino-americano, como mostra a experiência histórica, sobretudo na Nicarágua com a Revolução Sandinista. No Brasil, isso é muito mais acentuado.

As esferas devem desenvolver entre si uma relação que possibilite interação e evite exclusão. Manter vínculos preservando dois fatores:

a) A autonomia de cada esfera – A Igreja não pode querer tutelar o movimento popular. Há quem considere que a CPT teve uma tendência tuteladora, por exemplo, em relação à luta da terra, até que o MST surgiu e se desvinculou da Igreja.

Com o MST, acontecia algo curioso na década de 1980: quase todos os integrantes da direção nacional atuavam em Comunidades Eclesiais de Base. Ainda hoje, é difícil encontrar uma liderança popular no Brasil que não tenha iniciado sua militância no trabalho pastoral.

O desafio é manter a autonomia. O partido não pode querer tutelar o movimento popular e sindical. O movimento popular e sindical não pode atrelar-se ao partido ou manter uma relação utilitarista.

b) Evitar a absorção de uma esfera pela outra e/ou que uma esfera queira excluir a outra. A administração popular, por exemplo, não pode absorver os movimentos populares.

Leonel Brizola, no seu primeiro governo do Rio, erradicou parcela considerável dos movimentos populares nas favelas da capital: estatizou e/ou institucionalizou-os, incorporando-os em secretarias do estado. Cometeu o erro da absorção. FHC fez o oposto ao adotar uma política de exclusão do movimento popular e, em casos de mobilização, criminalizá-lo. Foi um exemplo da administração pública que exclui o popular, não o reconhece e procura deslegitimá-lo.

O projeto de base que norteava nosso trabalho no Cepis era conduzir a educação popular em função da articulação e do fortalecimento das diferentes esferas, bem como do desenvolvimento dessa inter-relação. Assim, evitava-se a exclusão, fortalecia-se a autonomia e se impedia a absorção.

NOVOS DESAFIOS
DA EDUCAÇÃO POPULAR

Fazer educação popular, hoje, é um desafio. Descrevo aqui hipóteses de reflexão sobre o trabalho de educação popular em conversas com Paulo Freire em seus últimos anos de vida.

1. A desistorização do tempo

Na educação popular, temos que aprender a colocar os conceitos em linguagem plástica. Existe um princípio pedagógico importante: o povo não tem que entender o que falo; tem que *ver* o que falo. Se não consigo transformar o conceito em metáfora, em imagem, continuo a falar em linguagem estranha.

Corro o risco de puxar o povo para uma linguagem intelectualizada, da mesma forma que o carcereiro que lia nossas cartas na prisão para fazer censura. Ele tinha pouca instrução. Um dia, chegou na porta da cela, e perguntamos: "E aí Antônio?" (Ele vivia contando os dramas com a noiva: brigava, reatava; não desatava, nem chegava ao casamento). "Como vai com tua noiva?" "Ah, frei, o negócio tá difícil, agora estamos num antagonismo danado..."

Tinha lido em nossas cartas 'antagonismo', achou bonito e aplicou na relação deles.

Para a educação popular, é preciso ter um varal onde se possa pendurar os conceitos e analisar a realidade. O varal é a percepção do tempo como história. Isso é um dado cultural: existem civilizações, tribos, grupos, que não têm a ideia do tempo como história. Era o caso dos gregos antigos – o tempo para eles era cíclico.

A essência do neoliberalismo é a desistorização do tempo. Quando Fukuiama declarou que "a história acabou", expressou aquilo que o neoliberalismo quer incutir: "Chegamos à plenitude dos tempos: o modo neoliberal de produção capitalista, o mercado! Poucos são os escolhidos, e muitos os excluídos, e não adianta querer lutar por uma sociedade alternativa!"

É difícil, hoje, falar em sociedade alternativa. Socialismo, nem pensar. Criou-se um pudor, um bloqueio emocional... como? Falar em socialismo? "O socialismo acabou, desabou, ruiu, foi enterrado!" As alternativas que aparecem, em geral, são intrassistêmicas e não conseguem passar disso. Como se o capitalismo pudesse ser humanizado. Ou fosse possível amansar o tigre limando seus dentes afiados.

A ideia de que tempo é história vem dos persas, repassada aos hebreus e acentuada pela tradição judaica. Curioso é que os três grandes paradigmas de nossa cultura são judeus (Jesus, Marx e Freud) e, portanto, trabalharam com a categoria tempo é história.

Não se consegue estudar marxismo sem aprofundar os modos de produção anteriores para entender como se chegou ao modo de produção capitalista. E entender como suas contradições podem levar aos modos de produção socialista e comunista. A análise marxista supõe o resgate do tempo como história.

Se alguém faz análise, o psicanalista logo pergunta sobre o seu passado, sua infância, sua trajetória de vida. Toda a psicologia de Freud é um resgate de nossa temporalidade como indivíduos.

A perspectiva de Jesus era histórica. O Deus de Jesus se apresenta com curriculum vitae: não é um deus qualquer – é Deus de Abraão, Isaac e Jacó –, ou seja, um Deus que faz história. A categoria principal da pregação de Jesus é histórica: Reino de Deus. Embora colocado lá em cima pelo discurso eclesiástico, teologicamente não se situa lá em cima. O Reino é algo lá na frente, é a culminância do processo histórico.

É curioso que, na Bíblia, a história, como fator de identificação do tempo, é tão forte que, no relato do *Gênesis*, a Criação do mundo já aparece marcada por essa historicidade do tempo, antes do aparecimento do ser humano.

Para muitos, história é aquilo que homens e mulheres fazem. Então, não haveria história antes do aparecimento do ser humano, tanto que se fala em pré-história. Mas para a Bíblia, a história antecedeu ao surgimento da espécie humana. Tanto que os gregos consideravam o deus dos hebreus um deus muito incompetente, de baixa categoria. Um verdadeiro deus cria como Nescafé: instantâneo, e não a prazo, como mostra o texto bíblico. No relato da Criação, em sete dias já há historicidade.

Agora o neoliberalismo desbanca essa perspectiva. Por isso, corremos o risco de fazer educação popular como quem quer pendurar roupas sem ter varal. Esse varal do tempo enquanto história é fundamental para que alguém possa visualizar o processo.

Isso acontece também na dimensão micro da nossa vida. Por que, hoje, as pessoas têm dificuldade de ter projetos de vida? Por que muitos jovens chegam ao pré-vestibular e não têm a menor ideia do que pretendem ser, que profissão abraçar, como se ocupar na vida? Cada vez saem mais tarde da casa dos pais por perda da dimensão histórica; é tudo aqui e agora.

A TV e a internet são as duas mídias que mais favorecem este comportamento. A última geração literária foi a minha, que completou 70 anos na década de 2010. Porque literatura é narrativa. E narrativa tem começo, meio e fim: imprime nas pessoas certo senso de historicidade.

2. TV e internet

O livro induz à historicidade; a TV e a internet incutem circularidade. Rompem a ideia de passado, presente e futuro; começo, meio e fim. Na mesma tela ou monitor, vemos o enterro do Ayrton Senna e, em seguida, ele sobe ao pódio e, vitorioso, toma banho de champanhe ao fim da corrida.

Isso cria na cabeça das novas gerações a ideia de circularidade, nunca de temporalidade, muito menos de historicidade. O que foi, pode ser; o que pode ser, já foi; o que é agora, volta depois a não ser. Coisas e fatos circulam, não têm progressão. Os grandes fatores de mudança dessa mentalidade são a TV e a internet. Essas tecnologias representam um desafio para a educação popular.

Todo o sistema escolar trabalha a leitura de textos. É importante, mas de certa forma anacrônico. Porque não basta as pessoas serem educadas para ler textos; precisam ser educadas para ver TV e usar a internet.

No Brasil, os jovens costumam ficar quatro horas por dia na escola, e mais quatro horas e meia diante da TV, do computador e/ou do celular. A média europeia é de oito horas por dia na escola e, no máximo, três diante das mídias eletrônicas.

Não basta falar que tal programa não presta, nem apelar para censura. A questão é como educar para que as pessoas tenham discernimento crítico.

3. Novos paradigmas

Outro fator de desafio para a educação popular são os novos paradigmas. Tal como foi desenvolvida na obra de Paulo Freire e, por consequência, no Cepis, estava muito calcada em dois paradigmas: o do personalismo cristão e o marxista. Os dois cunharam esta expressão, hoje não tão em moda nem apropriada: conscientização.

Predominava a convicção de que a consciência é o determinante em nossa vida. Bastaria alguém *fazer a nossa cabeça* e, pronto, aceitaríamos uma nova visão e, a partir dela, teríamos nova prática. Bastariam novos conceitos e mudaríamos a vida. A experiência mostrou que não é bem assim.

O paradigma da conscientização era cartesiano e, de certa forma, idealista. Porque supunha que a pessoa é um sujeito histórico do pescoço para cima...

Isto levava e, ainda leva, a contradições absurdas. Na prática da educação popular, em nome de uma educação e de uma metodologia libertadoras, continuamos com práticas bancárias e colonizadoras. Acreditamos que vamos *fazer a cabeça* do educando; não partimos do educando.

O difícil na educação popular, como enfatizava Paulo Freire, é permanentemente educar educando e educador. O educador se educa a partir do educando. Como educador, posso ou não me deixar reeducar, tenho esse poder. Em geral, nossa tendência é não deixar, não ser questionado.

O processo de educação popular tem que ser indutivo e não dedutivo. Devemos partir do educando porque é a única maneira de levar em conta a experiência do grupo, caso contrário continuaremos apenas com as nossas ideias como educadores. Isto é uma prática colonizadora.

O paradigma da conscientização precisa ser melhor discutido. Sabemos que nem sempre fazemos exatamente o que julgamos certo, e sim o que gostamos. E muitas vezes gostamos do que não pensamos ou pensamos uma coisa e fazemos outra. Até o apóstolo Paulo, em uma de suas cartas, admite "penso uma coisa e faço outra" (*Carta aos Romanos* 7, 14-18).

Isso não significa que corremos o risco de jamais acertar. O problema é que, com frequência, formamos liderança concientizada, porém sua relação nas instâncias de poder é opressiva e burguesa como qualquer político adversário. Por isso, é difícil suscitar lideranças autênticas.

A educação popular no Brasil teve o mérito de formar muitas lideranças e um poder popular que levou um metalúrgico à presidência da República. O nosso país é notoriamente permeado por um poder popular. Isso é raro, mas ocorreu entre nós. Basta olhar o número de deputados e senadores que vieram da base popular: colonos, camponeses, operários, moradores de favelas, pessoas que viviam nas periferias.

Temos um poder popular que incomoda, mobiliza. Com toda precariedade, conseguimos avanços: administrações, mudanças na legislação, conquistas sociais, e até governos de estados e municípios, malgrado os desvios éticos.

DIMENSÕES PARADIGMÁTICAS

A educação popular deve trabalhar os novos paradigmas em suas variadas dimensões:

1. *A dimensão holística da realidade.* (*Holos*, palavra grega, em inglês *whole*, que significa totalidade; daí a palavra holofote = luz que abrange todo o campo). É preciso ter presente que o educando (assim como o educador) é um ser em totalidade, dotado de razão e emoção. É um ser que, na hora das compras, mais sente do que pensa. Ser que tem uma série de relações que ultrapassam a análise política, cartesiana, explícita, conceitualmente correta e definida. Essa teia de relações precisa ser levada em conta no processo educativo. Há um vínculo indestrutível entre os seres humanos; entre nós e a natureza; entre nós, a natureza e o Cosmo.

2. *A dimensão ecológica.* A questão ecológica é uma faca de dois gumes. Há uma maneira idealista, burguesa, de encará-la. E outra libertadora.

    Chico Mendes nos ensinou que não há nada que aconteça na natureza que não interfira na vida humana, e nada que ocorra na vida humana que não interfira na natureza. Este é o grande legado que ele nos deixou. A natureza pode existir sem nós, como ocorreu durante milênios. Mas a recíproca não é verdadeira...

O desafio é estudar como se dá a relação com a ecologia. Não se trata apenas da luta pelos golfinhos do Golfo Pérsico e as baleias do Alasca, esquecendo as crianças do Nordeste e da África. Até porque o bicho mais ameaçado de extinção é o ser humano. Esta declaração foi feita por Fidel Castro na Eco-92, no Rio, e enfatizada pelo papa Francisco em sua encíclica *Louvado Sejas – o cuidado de nossa casa comum*.

Levar em conta a dimensão ecológica é considerar as relações humanas e ampliá-las para a natureza. A educação popular acentuou a relação com a sociedade e quase sempre ignorou a questão do meio ambiente. Ora, a bandeira da ecologia também é revolucionária. Porque ecologia é como avião transoceânico: embora haja divisão de primeira classe, classe executiva e econômica, na hora da queda não há distinção, todos correm o risco de morrer.

A questão ecológica atinge todos indistintamente. Isso nos faz reformular também a ideia de aliados. Tínhamos uma noção de classe muito permeada pelo econômico. Às vezes, deixávamos de ampliar o leque de aliados por não percebermos que há demandas que dizem respeito à vida das classes dominantes, tanto quanto da nossa, como a preservação ambiental.

O meio ambiente afeta igualmente ricos e pobres. Trata-se, portanto, de um tema capaz de mobilizar um amplo setor da sociedade. Por preconceito paradigmático, deixamos setores expressivos da sociedade em mãos daqueles que querem perpetuar o sistema, e não daqueles que desejam mudá-lo. Porque nem sempre trabalhamos a dimensão libertadora dos paradigmas.

3. Outros acenos – *diversidade de gênero, sexualidade, afetividade, e a questão da subjetividade*.

Já acompanhamos lideranças populares em cursos de educação popular que não sabiam falar nem o próprio nome. Alguns meses depois, faziam comício em porta de fábrica! A valorização das potencialidades do educando é fundamental.

No processo educativo, vigora o preconceito burguês de que o afetivo e o sexual são privados. Muitas crises ocorrem na esfera afetiva-sexual. Isso tem ressonância significativa no trabalho, na liderança, no sindicato, no partido político. Não raro, perdem-se militantes por força do tabu de manter silêncio sobre o assunto.

Hoje, em cursos de educação popular já se discute subjetividade e sexualidade. Ainda não tanto quanto se deveria. Está provado que em temas sobre os quais pouco se fala, mais equívocos se cometem. Nas escolas, sexo e política continuam assuntos proibidos e, por isso, muita bobagem se fez e se faz.

O que seria uma educação popular pós-paulofreiriana? O que Paulo Freire desenvolveu foi importante para o contexto em que viveu. Assim como as teorias de Marx servem para entender a sociedade capitalista nos tempos da revolução industrial. Contribuição que continua válida, ainda hoje. Critica-se a teoria de Marx porque, em muitos aspectos, já não corresponde à realidade *globocolonizada* em que vivemos. O mesmo vale para as teorias pedagógicas de Paulo Freire.

Como desenvolver uma metodologia, uma teoria de educação popular, incorporando o legado de Paulo Freire e fazendo-o avançar? É um desafio que se apresenta a todos nós nesse mundo de acelerada revolução tecnológica.

4. *A relação do micro com o macro.* Não podemos pensar em educação popular como um processo só de base. Temos de pensá-la como um processo de base e também de quem já não está na base.

Não é uma pedagogia que utiliza instrumentos ou recursos, como um *workshop* aplicado a uma comunidade de bairro. É necessário usar a metodologia de educação popular em vídeo, cinema, televisão, internet e administração pública. O desafio é fazer administração pública dentro da dinâmica da educação popular.

A questão do pessoal e do social, do micro e do macro, do particular e do geral, do local e do global, são novos paradigmas sobre os quais temos de situar a educação popular. Senão corremos o risco de estarmos certos no particular, enquanto o geral segue em outra direção. É importante repensar os paradigmas e criar uma nova cultura pedagógica dentro de novos parâmetros, novas referências e nova visão.

EDUCAÇÃO POPULAR E EDUCAÇÃO FORMAL

É possível na escola formal adotar a metodologia da educação popular? Acredito que sim, desde que deixe de ser formal. Pode-se utilizar algumas pedagogias da educação popular. Mas não a metodologia. A institucionalização da escola brasileira é muito forte: a começar pelo currículo, não definido pela própria escola.

Uma alternativa seria criar uma escola com a metodologia da educação popular, como as de formação de lideranças populares: Cajamar, em São Paulo, e a Escola Sindical 7 de Outubro, em Belo Horizonte. Hoje se destaca a Escola Florestan Fernandes, do MST, em Guararema (SP). Mas nunca serão uma escola formal, inclusive por não fornecerem diplomas.

A impossibilidade de adotar a metodologia popular vale para outros espaços institucionais criados por quem tem a lógica de reprodução do sistema. Em geral, são espaços positivos nos seus objetivos imediatos, e até necessários (conselho tutelar, atenção às crianças, projetos de saúde etc.).

O novo se faz agora e, por meio dessa acumulação do novo, consegue-se mudar o velho. Não adianta esperar que o velho desabe. Através de passos e iniciativas novas, há que criar contradições que possibilitem, progressivamente, a mudança da sociedade. Não se pode ter a ilusão de um espaço previamente institucionalizado à espera da introdução de uma concepção de metodologia de educação popular, em que se possa trabalhar com toda liberdade. Haverá sempre tensões, contradições e, como diria Gramsci, guerra de posições pela conquista de espaços.

A escola é uma das quatro instituições paradigmáticas da modernidade. Se está em crise, todas estão: a família, o Estado, a escola e a religião. Os perfis ficam embaralhados, confusos e precisam ser novamente delineados. Em Minas, se diz que o sujeito é louco quando não se enquadra em uma dessas instituições.

Uma das camisas de força da escola é a obrigatoriedade de ter um quadro curricular – é escrava de uma cronologia letiva e, no fim do ano, os alunos devem ser promovidos à série seguinte.

A educação popular é incompatível com essa cronologia, porque depende do tempo dos educandos, e não do tempo do currículo. Na educação popular, há diferença de tempo de uma turma para outra. Uma turma avança em determinados temas, enquanto outra demanda muito mais tempo. A proposta é criar nesses moldes uma escola que seja aprovada pelo Ministério da Educação. Desafio que o MST enfrenta com as escolas do campo e a Escola Florestan Fernandes.

Imprimir outra dinâmica à escola formal é possível, embora não seja fácil. A Nicarágua Sandinista tinha uma proposta de reforma educacional interessante, mas não se efetivou por causa da agressão usamericana. Não existiria mais a coincidência entre progresso escolar e cronologia letiva. Um camponês poderia fazer a 6ª série em seis meses ou em seis anos; dependeria do tempo dele. A proposta superava as categorias de vencedor e vencido. Ninguém teria que fazer prova no fim do ano para passar para a 7ª série!

Se um camponês precisasse trabalhar a terra e quisesse estudar, poderia fazer a 6ª série em três ou seis anos, segundo sua conveniência. Não estaria competindo com ninguém, não faria prova no fim do ano, nem teria que depender da memória ou da múltipla escolha.

Geraldo França de Lima era meu professor de história, no Rio. No dia da prova, dadas as questões na lousa, mandava os alunos abrirem livros, enciclopédias, bibliografia pertinente, e depois saía da classe dizendo: "Consultem-se e consultem a bibliografia à vontade." Ficávamos perplexos: era o único professor no mundo que deixava "colar"! Muitos, como eu, levaram anos para ter consciência de que foi o único professor que nos ensinou não ser preciso decorar nem adivinhar, e sim aprender a consultar e pesquisar.

Existem inovações. Elas ainda são uma gota d'água no oceano de um sistema escolar preso ao currículo, à tradição e à mentalidade pedagógica que perdura na escola brasileira. No Quênia, conheci uma experiência que buscava adequar o pensar e o fazer. Não pretendia ser educação popular, era educação burguesa. Mas representava um passo do qual nossa escola está a mil anos luz. Exigia que cada aluno passasse uma semana do ano convivendo com trabalhadores do setor de serviços, para entender como a cidade se articula por baixo. Alguns saíam de madrugada com os lixeiros para a coleta de lixo; outros faziam uma semana de estágio como auxiliar de enfermeiro no hospital público etc.

No Brasil, para uma escola funcionar bem terá de adotar a interdisciplinaridade, a multidisciplinaridade e também a transdisciplinaridade. E o corpo docente deverá ter o mínimo de identidade pedagógica estratégica estabelecida pela orientação educacional.

Se os pais de um aluno pretendem matricular o filho em um colégio de orientação evangélica, o diretor certamente avisará: "Aqui adotamos princípios do protestantismo. É preciso que concordem com nossa pedagogia, para que possamos aceitar a matrícula de seu filho."

Em uma escola que adota princípios de educação popular certamente se dirá: "Nossa perspectiva da educação é despertar uma visão crítica. Estão de acordo?" Matriculado ali, o aluno será levado a um assentamento dos sem-terra para vivenciar o dia a dia daquelas famílias de trabalhadores, visitará um acampamento de moradores sem-teto e fará estágio em uma ONG que trabalha com proteção ambiental.

EDUCAÇÃO POPULAR
E EXCLUÍDOS

Os setores populares vivem premidos pela sobrevivência imediata. E quando a pessoa se sente muito angustiada, não tem tempo nem cabeça para participar de reuniões, treinamentos, encontros.

Isso é um elemento complicador para o trabalho de educação popular. Não adianta trabalhar com quem se encontra na miséria, mas sim com trabalhadores qualificados, com um mínimo de escolaridade. Não se consegue mobilizar quem está preocupado com a comida de cada dia. As mobilizações que fragilizaram a ditadura militar no Brasil surgiram no setor mais elitizado do operariado brasileiro, os metalúrgicos. A luta pela terra é facilitada porque o agricultor tem um espaço de ociosidade no seu calendário sazonal, o que lhe permite se mobilizar. Ele se adequa ao tempo da natureza, que não é o tempo do relógio nem o tempo do trabalho urbano. É outra dinâmica de tempo.

É importante procurar setores nos quais estrategicamente compensa adotar educação popular. Isso não significa deixar de trabalhar com moradores de rua ou crianças e adolescentes com AIDS. Mas ter clareza, dentro de um processo social mais amplo, em que segmentos da sociedade investir para formar novas lideranças populares.

Os trabalhos de atendimento e cuidado são importantes, imprescindíveis. Porém, a dinâmica da educação popular deve visar a mudança social. E, ao fazê-lo, investir nos setores ou pessoas que têm potencial multiplicador. Esses, por sua vez, ajudarão na formação daqueles que trabalham diretamente com setores excluídos em nível emergencial.

Trabalhos emergenciais são importantes. Mas a educação popular deve se centrar nas lideranças e em monitores que fazem trabalhos emergenciais juntamente com o trabalho político.

EDUCAÇÃO POPULAR E ELEIÇÕES

Na teoria, as coisas são claras e distintas; na prática, complexas. Vale o axioma: na prática a teoria é outra. Um movimento popular ou pastoral deve ter a preocupação de nunca dizer "vote neste" ou naquele candidato para vereador ou presidente do sindicato. As pessoas, quando se engajam em um movimento social, seus objetivos não são prioritariamente partidários ou eleitorais. No momento em que o educador leva o movimento para uma questão partidária ou eleitoral, corre o risco de constranger quem a ele aderiu.

O educador não pode omitir-se de debater a questão política, sindical ou partidária, desde que cada pessoa possa fazer sua opção. Ninguém no movimento pode se sentir constrangido a votar nesse ou naquele candidato. O desafio do educador é possibilitar aos militantes o discernimento para definir uma opção.

Quando um movimento popular adota oficialmente uma candidatura, pode criar constrangimento para muitos que discordam daquela escolha. Isso se torna mais melindroso quando o processo que adotamos em favor do *nosso* candidato não passa por ampla discussão democrática.

Na Fazenda Primavera, região de Lins (SP), fez-se uma das primeiras e mais organizadas lutas dos sem-terra pela expropriação daquela área, ainda no tempo ditadura. Na eleição seguinte, a Arena, partido da ditadura, venceu dentro da Fazenda Primavera: os agricultores agradeceram ao governo as terras conquistadas...

MOVIMENTO POPULAR
E MOVIMENTO SOCIAL

Movimento social é o movimento global de entidades (ONGs, grupos organizados, cooperativas etc.) que atuam em função de demandas específicas. Movimento popular é o que congrega e mobiliza o mundo popular – assalariados, desempregados excluídos e marginalizados. Caracteriza-se pela particularidade de estar centrado em uma determinada demanda, que pode ser material ou simbólica.

São populares os movimentos de conquistas de direitos (humanos, mulheres, negros etc.); de resistência (moradores em área ameaçada de despejo, fechamento de escola ou centro de saúde); de solidariedade (aos sem-terra, aos sem-teto, aos refugiados); de protesto (contra um político, uma empresa, em defesa do meio ambiente etc.).

Não existe movimento popular confessional. Na fundação da Central de Movimentos Populares, um dos critérios foi que integrantes das Comunidades Eclesiais de Base não poderiam se filiar. Embora as CEBs façam parte do movimento social, elas não são movimento popular, e sim movimentos pastorais, confessionalizados.

Quem não é cristão não deveria entrar em uma CEB. Do mesmo modo, o movimento popular não deve estar atrelado a um partido político. As pessoas estão ali para lutar por água, saúde, escola, terra, independentemente de preferências partidárias, eleitorais ou confessionais.

Eis algumas características dos movimentos populares: podem ser lúdicos (circo, teatro, arte, estéticos); de produção (visa a atender a sobrevivência imediata: costura, horta, cozinha comunitária); de organização (para trazer mais esclarecimento a respeito de demandas do bairro, cursos de atualização ou formação política), de qualificação profissional (computação, culinária etc.). Todos podem estar na linha do movimento popular, desde que abertos a uma perspectiva mais ampla do ponto de vista estratégico. Esta característica é fundamental. Em outras palavras: dinâmica de grupo, qualquer oficina empresarial aplica. Nem por isso as pessoas ali praticam educação popular.

Muitos confundem fazer grupo (roda, exercício corporal) com educação popular. O que caracteriza a educação popular dinâmica é, em parte, a aplicação da metodologia. Mas o que caracteriza a metodologia da educação popular é estar aberta a uma visão estratégica, segundo uma concepção de sociedade embutida, como a crítica à atual sociedade capitalista neoliberal.

EDUCAÇÃO POPULAR
E ADMINISTRAÇÃO POPULAR

A maioria dos funcionários de uma administração popular não passa por treinamento de educação popular. Então, não se pode exigir o que não têm e nem sabem.

Se alguém perguntar a um prefeito ou governador eleito por um partido progressista: "Como são as reuniões com o secretariado?" O prefeito ou governador dirá: "Não temos pauta de reunião, nem fazemos autocrítica. Nos reunimos para resolver casos imediatos, pois todos vivem apertados de horário."

Se a prática for esta, é melhor desistir da educação popular, que tem como primeira condição criar uma equipe de trabalho que se submeta a determinados critérios, como aprofundamento, crítica e autocrítica, avaliação, planejamento estratégico, discussão da concepção de cidade, o que pretendem como administradores e, sobretudo, manter vínculos orgânicos com movimentos populares. Além de resolver problemas de água, esgoto, escola, estrada etc.

Toda a metodologia da educação popular se resume em duas ferramentas: saca-rolhas e chave de fenda. Primeiro, extrair do pessoal o que se vivencia na prática. Segundo, com a chave de fenda, apertar um parafuso ou afrouxar outro. Sem isso, corre-se o risco de cair no ativismo, no empirismo ou na improvisação.

Uma das contradições que um partido de esquerda carrega é de, na hora da campanha política, entregar a publicidade para alguém que pensa com a cabeça de direita. É muito complicado a imagem do partido ser projetada por um publicitário que tem outra lógica. Isso sem falar na suspeita de a equipe de gravação do programa estar sendo subornada pelo candidato adversário.

EDUCAÇÃO POPULAR E TRABALHO DE BASE

Trabalho de base, hoje, é conseguir reunir os setores excluídos e dar a eles um mínimo de organização, de forma a possibilitar mobilização. O desafio maior é como organizar os desempregados, contingente que tende a crescer, pois atinge cada vez mais fortemente a classe média, não apenas os setores populares. Ninguém descobriu a fórmula ainda.

Nisto há consenso: não há quem esteja a favor do desemprego, nem os empresários cientes de que ele é provocado pelo avanço da tecnologia e oligopolização de setores produtivos e de serviços. Não se sabe como resolver o problema, embora o custo social seja alto.

EDUCAÇÃO POPULAR E AFETIVIDADE

Hoje discute-se mais este tema. As lideranças formadas pela educação popular no Brasil demonstram, por sua prática, como o afetivo influi no desempenho político. Enquanto não eram lideranças, não tinham responsabilidade pública, podiam viver seus problemas afetivos, porque isso afetava, no máximo, as famílias deles. Agora interfere nas estruturas e instituições.

Vale relatar um caso exemplar. Certa ocasião, moravam em um assentamento três dirigentes dos sem-terra, um casal e um rapaz solteiro. O solteiro sabia dirigir, o casal não, e havia um só veículo. O solteiro se apaixonou pela mulher casada e vice-versa. O marido, por razões de seu compromisso com o movimento, não pôde deixar o assentamento. Viu-se obrigado a suportar uma situação profundamente constrangedora, e ainda dependia do outro para se deslocar.

Situações complicadas como esta paralisam todo um trabalho. O assentamento inteiro assistia àquele drama e ninguém sabia quando e como seria resolvido.

Não se pode evitar esse tipo de problema, faz parte da condição humana. A pergunta é: como trabalhar essas questões mais explicitamente? Existem muitas lideranças progressistas, no discurso e na rua. Mas, em casa, reproduzem exatamente o modelo patriarcal, burguês, colonialista. Acham ótimo a esposa ficar em casa cuidando dos filhos.

Já houve casos de protestos de sindicalistas para que suas mulheres não frequentassem cursos de formação política. Diziam: "Antes do curso, ela não reclamava nada. Agora pega no meu pé lá em casa." A resposta de um educador foi: "Esse não é um problema do educador. Vai e resolve com a sua mulher. O critério deste curso é: só para casais. Se o marido ou a mulher não quiser participar, o problema é dos dois."

Na psicologia de alguns militantes, os cursos se tornam férias conjugais. A moça do Norte encontra o rapaz do Sul, e os dois, sem parceiros, vão passar quinze dias juntos... por que não curtir uma relação?

Esse comportamento mina a confiabilidade das lideranças. Entra-se no terreno da intimidade e, quando extrapola, é difícil manter a dinâmica de trabalho. É uma questão moral a ser discutida. Não se podem evitar tais situações, nem cair no moralismo. Trata-se de desclandestinizar uma dimensão fundamental da vida – a afetiva.

Assim, as pessoas terão critérios, discernimento, parâmetros, e talvez se reduzam os problemas.

Na medida em que a subjetividade começa a ser debatida e se desclandestiniza, o discurso e as pessoas tendem a ter melhor critério na prática. Mais maturidade, menos envolvimento em situações episódicas que acabam sendo determinantes (o afetivo é sempre determinante).

Debater a questão do amor, na sua dimensão pessoal e social, é quebrar um tabu. Há que criar uma sociedade amorizada e amorizante. Quebrar esse tabu, trabalhar essa dimensão, significa colocar o amor como condição para se viver em uma sociedade onde as pessoas são diferentes, sem serem necessariamente divergentes.

EDUCAÇÃO POPULAR
E A CRÍTICA

Uma das marcas históricas do Cepis foi a transparência em termos de entrosamento de membros da equipe.
Desde sua fundação, em 1978, a cada três meses fazia-se um encontro de um dia, para avaliar o trimestre. Essa avaliação se iniciava pela crítica e autocrítica, que consistia no seguinte: cada um da equipe ficava na berlinda e os demais faziam uma avaliação crítica do trabalho do companheiro, tanto nos aspectos positivos como nos negativos. Ninguém podia defender-se ou justificar-se, tinha de escutar.

No fim, cada pessoa fazia autocrítica. Não se tratava de justificar erros e equívocos. A partir do que fora dito em tom crítico, cada um, em equipe, se avaliava.

Dois critérios norteavam a crítica e a autocrítica: a) Não poderia se manifestar quem sentisse que faria crítica em tom emocional. Era preciso ter serenidade para criticar o outro. b) Se alguém se sentisse incomodado com o que escutou, deveria posteriormente procurar a pessoa que o criticou para acertar os ponteiros.

Essa prática imprimiu à equipe maior transparência e harmonia. Talvez isso explique a longa vida do Cepis, ainda hoje atuante. Muitas vezes, nas equipes acontecem competições, concorrências, disputa de espaço, e as situações ficam mal resolvidas.

O método de crítica e autocrítica é fator importante, difícil de se encontrar em qualquer equipe de trabalho. Do sindicato aos governos, se poderia adotar a metodologia de educação popular como fez Jesus. Um dia, perguntou aos apóstolos: "O que o povo pensa de mim?" E, em seguida: "O que vocês pensam de mim?" (*Evangelho de Mateus* 16, 15; e *Evangelho de Marcos* 8, 27-29).

Se nunca fazemos tal pergunta é porque tememos ouvir a resposta. Mas educação popular é isso: ousar ouvir dos educandos e da equipe o que pensam do educador, como avaliam o seu desempenho. Em geral, as pessoas cometem o grave equívoco de se arvorar em juízes de si mesmas e não darem ouvidos à opinião alheia.

O Cepis tem sido uma escola de educadores e educandos. Ali aprendi muito. Não vejo como o movimento social brasileiro possa crescer sem equipes como a do Cepis.

VII. TEXTOS EDUCATIVOS
(PARA REFLEXÃO DE ALUNOS, PROFESSORES E PROFESSORAS)

A VINGANÇA DOS PEIXES

Deixaram a praia, às margens da baía de Guanabara, no final da tarde, em companhia dos filhos, a quem foram mostrar as águas que, nas Olimpíadas, abrigaram várias modalidades esportivas. Do piquenique restaram, sobre a areia, três garrafas pet vazias, duas latas de salsichas, a sacola plástica dos pães e dois maços de cigarros amarrotados.

A limpeza da praia só seria feita na manhã do dia seguinte. Naquela noite, a maré, ao subir, expandiu suas línguas sobre a areia e engoliu todo o lixo ali espalhado.

No fundo das águas, o filhote de boto imaginou que o maço de cigarros fosse um bolinho de carne e se adiantou a seus pares para abocanhá-lo. Pouco depois, boiou sufocado. Foi velado por um enxame de moscas.

Do iate de turistas, a baía recebeu cento e duas guimbas de cigarros, doze tocos de charutos, dezessete sacos plásticos, doze pets, cinco garrafas de cachaça e uma de uísque; e ainda uma toalha rasgada e uma lata de querosene vazia.

A garoupa faminta nadou rápido rumo ao plástico, convencida de se tratar de uma deliciosa cabomba, forrageira aquática. Sentiu-se entalada, e por mais que volteasse no fundo das águas, não conseguiu vomitar. Pouco depois, seu corpo emergiu para o velório das moscas.

Desolado, papai boto comentou com a mamãe garoupa:

– Como tudo mudou! Nunca pensei que essa gente da cidade fosse sujar tanto o nosso aquário natural.

– Também fico indignada – observou a garoupa. – Durante séculos, os tupinambás e os temiminós dependeram dessas águas para se alimentar e navegar, sem jamais envenená-las. Até porque nunca acreditaram no lendário Rio de Janeiro...

– Também os pescadores souberam preservar o seu meio de vida – completou o boto. – Acontece que os modernos não se relacionam diretamente com a natureza. Eu soube que usam sapatos para pisar a terra. Não pescam, compram na peixaria. Não remam, entram em barcas motorizadas para cruzar as nossas águas.

– Que nada, seu boto. Não vê este teto arqueado que estenderam sobre as nossas cabeças? É a tal da ponte Rio-Niterói. A usar uma embarcação, a maioria prefere ir por ali de moto, carro, ônibus ou caminhão.

– E como fedem os combustíveis dessas embarcações! Muito mais que peixe morto!

– Tenho a impressão de que todo o lixão de Gramacho foi removido para as águas da baía – disse a garoupa.

– Agora essa gente pode pescar de tudo aqui: pneus, eletrodomésticos, latas etc. Exceto peixes.

– O curioso – comentou a garoupa – é que todos reclamam das autoridades, culpadas por não cuidar de limpar a baía para a Olimpíada. Mas ninguém se pergunta: e quem sujou tanto? Quem atirou tanta porcaria aqui dentro?

– Que eu saiba – falou o boto –, lá em cima eles não espalham lixo no quarto de dormir nem atiram garrafas pets na privada.

– E por que fazem isso aqui no mar?

– Ora, comadre, porque mar, para a maioria, só serve para refrescar quem vem à praia. São tão ignorantes que não percebem a relação entre águas despoluídas e a qualidade dos peixes que chegam às suas mesas.

– Bem – concluiu a garoupa –, pelo menos assim nos vingamos. Eles contaminam as nossas águas e se alimentam de peixes que eles mesmos envenenaram.

O CORPO

"Uma rosa é uma rosa é uma rosa", declamava Gertrude Stein. Ninguém discorda. No entanto, não há consenso de que "uma pessoa é uma pessoa é uma pessoa". Nazistas negavam a judeus o direito à vida, assim como há judeus que se julgam superiores aos árabes, e árabes que assassinam cristãos que não comungam com suas crenças, e cristãos que excomungam espiritualmente judeus, muçulmanos, comunistas, homossexuais e adeptos do candomblé.

Uma pessoa é o seu corpo. Vive ao nutri-lo e faz dele expressão de amor e gera novos corpos. Morto o corpo, desaparece a pessoa. Contudo, chegamos às portas do Terceiro Milênio num mundo dominado pela cultura necrófila da glamourização de corpos aquinhoados por fama, beleza e riqueza, e a exclusão de corpos condenados pela pobreza.

Na lista telefônica de Santa Mônica, EUA, constava o número da Fundação Elizabeth Taylor contra a AIDS. Não havia nenhuma fundação contra a fome. Esta mata muito mais que aquela. Por que a AIDS mobiliza mais que a fome? Porque não faz distinção de classe. A fome é problema dos oprimidos e ameaça 1/4 da humanidade. Os premiados pela loteria biológica, nascidos em famílias que podem se dar ao luxo de comer menos para não engordar, são indiferentes aos famintos ou dedicam-se a iniciativas caridosas, com a devida cautela de não questionar as causas da pobreza.

Clonam-se corpos, não a justiça. Açougues virtuais, as bancas de revistas exaltam a exuberância erótica de corpos, sem que haja igual espaço para ideias, valores, subjetividades, espiritualidades e utopias. Menos livrarias, mais academias de ginástica! Morreremos todos esbeltos e saudáveis; o cadáver, impávido colosso, sem uma celulite...

A política das nações pode ser justamente avaliada pela maneira como a economia lida com a concretude dos corpos, sem exceção. Em um mundo em que o requinte dos objetos de luxo merece veneração muito superior ao modo como são tratados milhões de homens e mulheres; o valor do dinheiro se sobrepõe ao de vidas humanas; as guerras funcionam como motor de prosperidade; é hora de nos perguntarmos como é possível corpos tão perfumados com mentalidades e práticas tão hediondas? E por que ideias tão nobres, e gestos tão belos floresceram nos corpos assassinados de Jesus, Gandhi, Luther King, Che Guevara e Chico Mendes?

O limite do corpo humano não é a pele, é a Terra. Somos células de Gaia. Resta fazer esta certeza implantar-se na consciência, lá onde o espírito adquire densidade e expressão.

HÁ UM TERRORISTA EM MIM

É fácil criticar os terroristas do Estado Islâmico, que não respeitam nada nem ninguém. Difícil é derrotar o terrorista que me habita e se manifesta quando encontro quem não pensa como eu. Como ousa defender outro partido?, indago, aos gritos, com raiva, deixando vazar o ódio que guardo no peito. Saio falando mal do partido e do amigo que tem a desfaçatez de ainda justificar políticos e políticas que só contribuíram para o atraso deste país.

Se eu pudesse me despir dessa pele de cordeiro que encobre o lobo que sou, calava o meu amigo, cortava-lhe a língua, libertava o seu cérebro dessa lavagem cerebral a que foi submetido. Será que todos não se dão conta de que eu tenho sempre razão? E depois reclamam quando detono as bombas que trago nas entranhas e, inflamado, vocifero contra os estúpidos que insistem em me convencer de suas opiniões insensatas.

O terrorista que me povoa usa armas ferinas: difama e calunia, sem dar ao outro o benefício da dúvida, e muito menos o direito de defesa. É um fanático religioso. Na fase ateia, defende a não existência de Deus, considera todos os crentes imbecis, alienados, dopados pelo ópio do povo, movidos pela ilusão de que há transcendência e vida após a morte. Na fase religiosa, não admite a convivência de todas as religiões. Há um só Deus, o dele! Um só Credo, o que ele professa! Todos que não creem como ele crê merecem a perseguição, a morte, o inferno, pois são todos infiéis, heréticos, idólatras!

O terrorista que há em mim fala em democracia para o público externo. No íntimo, advoga uma sociedade autoritária, na qual todos pensem e ajam como ele, numa demonstração inquestionável de que fora do pensamento único não há salvação. Também fala de ética e proclama que é pecado roubar, mas embolsa o dinheiro dos fiéis, constrói mansões para o conforto de seu ego, tem horror a pobres, finge milagres para reforçar a aura divina de seu poder.

O terrorista que ocupa o meu coração é homofóbico, machista, racista, intolerante com aqueles que não se comportam segundo padrões moralistas de decência. É arrogante, prega certezas irrefutáveis. Mal-educado e grosseiro, não se levanta da cadeira para dar lugar ao idoso e à mulher grávida. Desconfia da faxineira se um objeto sem valor desaparece da casa; irrita-se quando preso no engarrafamento ou se vê obrigado a enfrentar fila; usa a política para alcançar seus propósitos escusos.

O terrorista que comanda minhas emoções não é muçulmano, mas também pertence ao EI – Estado da Intolerância, que se impõe no almoço em família, no papo da roda de amigos, no local de trabalho. Ainda que dê ouvidos a um boçal para fingir educação, o que gostaria mesmo é calá-lo com um soco na cara e quebrar-lhe os dentes.

Esse terrorista que, em sociedade, me usa como disfarce, não grita *Allahu Akbar* (Deus é grande!). Grita: Eu sou o cara! Dobrem-se à minha opinião! E degola virtualmente todos que discordam. Estes são queimados vivos nas brasas aquecidas pelo ódio. Divulga na internet tudo que possa ridicularizar os desafetos, adicionando mais lenha na fogueira da inquisição cibernética.

Esse terrorista fundamentalista jamais dirá ao outro "a tua fé te salvou", como fez Jesus. Dirá "eu te salvei". Isso se o outro comungar a fé que ele professa, ao contrário de Jesus que ousou, em supremo gesto de liberdade religiosa, dizer "a tua fé te salvou" ao centurião romano que professava o paganismo, e à mulher cananeia, que pertencia a um povo politeísta.

MANUAL DE PUBLICIDADE

Induzidos a ser mais consumidores que cidadãos e à crença na idolatria do mercado, hoje tudo parece se reduzir a uma questão de marketing. O presidente pode adotar uma política que favoreça as elites e ignore a questão social. Porém, uma boa máquina publicitária é capaz de torná-lo o mais querido dos homens. Isso vale para o refrigerante que descalcifica os ossos, engorda e cria dependência. Ao bebê-lo, um bando de jovens exultantes sugere que no líquido borbulhante encontra-se o elixir da felicidade.

A sociedade de consumo é religiosa às avessas. Não há clipe publicitário que deixe de respaldar-se num dos sete pecados capitais: soberba, inveja, ira, preguiça, avareza, gula e luxúria. Assim chamados devido à etimologia de "capital", que significa "cabeça". Como diria hoje meu confrade Tomás de Aquino (1225-1274), são capitais os pecados que nos fazem perder a cabeça e dos quais derivam inúmeros males.

A soberba faz-se presente na publicidade que exacerba o ego, como o cigarro com sabor de sucesso, o feliz proprietário de um carro de linhas arrojadas ou o portador de um cartão de crédito que abre todas as portas do mundo (desde que se rasgue o forro do bolso e raspe as economias). A inveja leva as crianças a disputarem qual de suas famílias tem o melhor veículo e atrai o(a) consumidor(a) à fantasia de também ver-se cercado de mulheres ou homens, como se fosse uma pessoa muito atraente.

A ira vai do exterminador do futuro ao nipônico que quebra o televisor por não ter aquirido algo de melhor qualidade. A preguiça está a um passo dessas sandálias que convidam a um passeio de lancha ou abrem as portas da fama com direito a uma confortável casa com piscina. A avareza reina em todas as poupanças e no estímulo aos prêmios de carnês e loterias. A gula, nos produtos alimentícios e nas lanchonetes que oferecem muito colesterol em sanduíches piramidais. A luxúria, na associação entre a mercadoria e as fantasias eróticas: a cerveja loura como as mulheres que requebram ou exibem seus corpos em reduzidos biquínis; os olhares lascivos suscitados ao morder o chocolate.

E quem faz a contrapropaganda? O contrário da soberba é a humildade; da inveja, o despojamento; da ira, a tolerância; da preguiça, o serviço; da avareza, a partilha; da gula, a sobriedade; da luxúria, o amor. Imagine a publicidade a serviço dessas virtudes! Seria uma revolução. Todavia, o que as pessoas ganhariam em felicidade e harmonia espiritual, o mercado perderia em vendas e mudança de hábitos de consumo.

Acusa-se a Igreja de opor corpo e espírito. Se é verdade que tal contradição se introduziu na teologia cristã graças ao conluio entre Platão e Santo Agostinho, a outra face da moeda, via Aristóteles e Santo Tomás, demonstra que a teologia defende a inseparável unidade corpo-espírito. Tanto que o Credo proclama "a ressurreição da carne". É o ser todo, o Cosmo inteiro, que será resgatado em Cristo.

Se hoje algo separa o corpo do espírito é a luxúria publicitária, que reduz o modelo a um pedaço de carne bem retalhada, livre de gorduras e pelancas, exposto no açougue do voyeurismo de quem crê que a felicidade resulta da soma dos prazeres. Entra nessa quem não passou da porta dos sentidos para penetrar na alcova do coração. Resultado: as relações tornam-se tão descartáveis quanto a embalagem dos produtos.

Um sentido para a existência e um amor que faça do encontro um projeto de vida: eis uma enorme demanda diante de raríssimas ofertas.

MANUAL PARA EXTERMINAR ÍNDIOS

Há muitos modos de acabar com os índios, como querem aqueles que os consideram inúteis, atrasados, e acreditam que suas grandes extensões de terra seriam mais lucrativas em mãos do agronegócio, de mineradoras ou madeireiras.

Um modo eficaz é divulgar, como se fez no passado, que são desprovidos de alma e, na escala evolutiva, se situam a meio caminho entre o símio e o humano. A Igreja utilizou com sucesso esse método ao colonizar o que hoje se conhece como continente americano.

A ideia de que índio não possui alma nem racionalidade facilita enormemente o seu extermínio, com a vantagem de não se guardar sentimento de culpa.

Outro modo, sobejamente usado pelos colonizadores espanhóis, é esquartejá-los por mordidas de cães.

Os heroicos bandeirantes do Brasil, que dão nomes a rodovias e logradouros, e merecem monumentos em nossas cidades, costumavam exterminá-los com métodos de fácil aplicação: submetê-los à escravidão, ainda que considerados inaptos para o trabalho imposto pelos caras-pálidas; cercá-los, impedindo-os de ter acesso a alimentos e às fontes de água; instigar a inimizade entre aldeias, de modo que uma guerreasse contra a outra.

Hoje existem métodos mais modernos e igualmente eficazes, como reduzir drasticamente os recursos da Funai, sem inclusive prejudicar a sigla, que passaria a ser conhecida como Funerária Nacional dos Índios.

Boa receita é urbanizá-los, de forma que, na cidade, sintam vergonha da nudez e aprendam que, graças ao mercado, produtos necessários à sobrevivência têm valor de troca, jamais de uso.

Outro modo hodierno é construir gigantescas barragens, corrompendo-os pelo álcool e prostituindo suas mulheres, além da vantagem de inundar as terras deles sob um mar de água doce.

Método atual é o descaso do poder público, também conhecido popularmente como vista grossa. Deixar que empreendedores, como fazendeiros, madeireiros e mineradores, invadam as extensas terras dos índios, tornando-as economicamente produtivas.

Enfim, um novo jeito de exterminar índios, ora em debate, e que promete excelente resultado, é retirar das mãos do Poder Executivo a demarcação das terras deles e passá-la ao Poder Legislativo que, com muita habilidade, tem feito retroceder os chamados direitos humanos.

Quem sabe seja oportuno preservar dois ou três casais de indígenas para, em jaulas, exibi-los ao público no "Playlarmento" a ser construído como anexo do Congresso Nacional, ao custo inicial de R$ 400 milhões – valor a ser regiamente multiplicado ao longo da obra, para a boa saúde do bolso de nobres representantes do povo e de seus financiadores de campanhas eleitorais.

CARTA A UM JOVEM INTERNAUTA

Sei que você passa longas horas no computador ou no celular navegando a bordo de todas as ferramentas disponíveis. Não invejo sua adolescência. Na sua idade, eu me iniciava na militância estudantil e injetava utopia na veia. Já tinha lido todo o Monteiro Lobato e me adentrava pelas obras de Jorge Amado, guiado pelos *Capitães de areia*.

A TV não me atraía e, após o jantar, eu me juntava à turma de rua, entregue às emoções de flertes juvenis, ou sentava com meus amigos à mesa de uma lanchonete para falar de Cinema Novo, bossa nova – porque tudo era novo – ou das obras de Jean Paul Sartre.

Sei que a internet é uma imensa janela para o mundo e a história, e costumo parafrasear que o Google é o meu pastor, nada me há de faltar...

O que me preocupa em você é a falta de síntese cognitiva. Ao se postar diante do computador, você recebe uma avalanche de informações e imagens, como lavas de um vulcão se precipitam sobre uma aldeia. Sem clareza do que realmente suscita o seu interesse, você não consegue transformar informação em conhecimento e entretenimento em cultura. Você borboleteia por inúmeros nichos, enquanto sua mente navega à deriva qual bote sem remos jogado ao sabor das ondas.

Quanto tempo você perde percorrendo nichos de conversa fiada? Sim, é bom trocar mensagens com os amigos. Mas, no mínimo, convém ter o que dizer e perguntar. É excitante enveredar-se pelos corredores virtuais de pessoas anônimas acostumadas ao jogo do esconde-esconde. Cuidado! Aquela garota que o fascina com tanto palavreado picante talvez não passe de um velho pedófilo que, acobertado pelo anonimato, se fantasia de beldade.

Desconfie de quem não tem o que fazer, exceto entrincheirar-se horas seguidas na digitação compulsiva à caça de incautos que se deixam ludibriar por mensagens eróticas.

Faça bom uso da internet. Use-a como ferramenta de pesquisa para aprofundar seus estudos; visite os sites que emitem cultura; conheça a biografia de pessoas que você admira; saiba a história de seu time preferido; veja as incríveis imagens do Universo captadas pelo telescópio Hubble; ouça sinfonias e música pop.

Mas fique alerta à saúde! O uso prolongado do computador pode causar lesão por esforço repetitivo (LER), além de torná-lo sedentário, obeso, sobretudo se, ao lado do teclado, você mantém uma garrafa de refrigerante e um pacote de batatas fritas...

Cuide de sua vista, aumente o corpo das letras, deixe seus olhos se distraírem periodicamente em alguma paisagem que não seja a que o monitor exibe.

E preste atenção: não existe almoço grátis. Não se iluda com a ideia de que o computador lhe custa apenas a taxa de consumo de energia elétrica, as mensalidades do provedor e do acesso à internet. O que mantém em funcionamento esta máquina na qual redijo este texto é a publicidade. Repare como há anúncios por todos os cantos! São eles que bancam o Google, as notícias, a Wikipédia etc. É a poluição consumista mordiscando o nosso inconsciente.

Não se deixe escravizar pelo computador. Não permita que ele roube seu tempo de lazer, de ler um bom livro (de papel, e não virtual), de convivência com a família e os amigos. Submeta-o à sua qualidade de vida. Saiba fazê-lo funcionar apenas em determinadas horas do dia. Vença a compulsão que ele provoca em muitas pessoas.

E não se deixe iludir. Jamais a máquina será mais inteligente do que o ser humano. Ela contém milhares de informações, mas nada sabe. É capaz de vencê-lo no xadrez – porque alguém semelhante a você e a mim a programou para jogar. Exibe os melhores filmes e nos permite escutar as mais emocionantes músicas, mas nunca se deliciará com o amplo cardápio que nos oferece.

Se você prefere a máquina às pessoas, e a usa como refúgio de sua aversão à sociabilidade, trate de procurar um médico. Porque sua autoestima está lá embaixo, e você sabe que o computador não haverá de encará-lo como se fosse um verme. Ou sua autoestima atingiu os píncaros, e você acredita que não existem pessoas à sua altura, melhor ficar sozinho.

Nas duas hipóteses, você está sendo canibalizado pelo computador. E, aos poucos, se transformará em um ser meramente virtual. O que não é uma virtude. Antes, é a comprovação de que já sofre de uma doença grave: a síndrome do onanismo eletrônico.

TELEFOBIA
E MEDITAÇÃO

Parece que estão todos acometidos de telefobia, essa permanente dependência do celular, também qualificada de atenção parcial contínua. Há quem não consiga desligá-lo nem na hora de dormir. E, ao longo do dia, muitos são movidos pela hipnose provocada por suas emissões eletrônicas.

Nossos olhos não perdem o celular de vista. Estamos sempre atentos a ele no ônibus, na rua, ao dirigir carro, durante a refeição, em plena reunião de trabalho. Ficamos o tempo todo conectados, atentos aos e-mails, ao Twitter, ao Facebook e a tantos outros recursos dessa era do *homo digitalis*.

"Por que tanta dependência do celular?", indaguei de um grupo que se reúne para meditar. As respostas variaram: "Carência", disse um. "Curiosidade", sugeriu outro. "Temos dificuldade de manter vínculos reais e, na falta deles, apelamos aos virtuais", opinou um terceiro. Houve quem considerasse onipotência: "Trago o mundo em mãos e, com um simples toque, capto textos, notícias e imagens, e divulgo ideais e opiniões em tempo real."

A inter-relação pessoal exige tempo, paciência e gera efeitos colaterais negativos: apego, ciúme, inveja, competição etc. Na relação virtual, somos telegraficamente objetivos, geograficamente afastados e anonimamente protegidos.

O celular se tornou a janela indiscreta por excelência. O buraco da fechadura, agora dilatado. Protegidos pela distância física e pelo anonimato, usuários aproveitam para ridicularizar e difamar desafetos, xingar políticos, tornar o sério leviano e o leviano ofensa.

Propus ao grupo um fim de semana de abstinência de celular. Todos desligados do sábado pela manhã ao domingo à tarde. No início, uma experiência sofrida. E se minha filha ligar? Hoje é aniversário de meu afilhado e fico sem cumprimentá-lo?

Meditar é mergulhar na impermanência. Como disse um motorista de ônibus, "fora eu e o trocador, tudo mais é passageiro". O celular se transformou em espelho de nossa alma. De simples telefone portátil, tornou-se um artefato de mil e uma utilidades... não necessariamente úteis.

O acesso define o perfil do usuário. Se tem mente depravada, busca pornografia. O rancoroso prefere imagens de desconstrução de políticos. O invejoso, o mundo das celebridades. O curioso garimpa o que rola nas redes sociais.

A abstinência, dolorosa no início, foi tida como profundamente prazerosa no fim do domingo. Curtiu-se o silêncio digital. O espírito se descolou, enfim, do grude eletrônico. O distanciamento favoreceu o discernimento crítico. Uma funcionária pública exclamou: "Enfim, juntei meus cacos!" Um estudante de engenharia admitiu: "Me libertei da coleira eletrônica!"

O grupo concluiu que a dependência do celular suga-nos a alma e o tempo. Abster-se dele por horas ou períodos é um ato de sabedoria pós-moderna. E favorece a saúde da mente e do bolso.

COMO ESTUDAR – UMA CARTA

Meu caro amigo, tento atender ao seu pedido e coloco aqui algumas dicas de como estudar. Antes, porém, é bom que saiba – sempre fui autodidata. Na escola, figurei entre os piores alunos. Só no fim do ensino médio comecei a criar um pouco de juízo. Sem exagero, fiquei em recuperação todos os anos, tive notas baixíssimas e professores que eu encarava como inimigos declarados, dos quais guardei a impressão de que me fizeram sofrer mais que os anos de cárcere...

Foram os frades dominicanos que me ensinaram a estudar. Durante o curso de filosofia, líamos os próprios autores antes de abrir as páginas de seus comentaristas. Aprendemos a ir diretamente à fonte. Antes de ler João de São Tomás, lemos o próprio Santo Tomás de Aquino. Antes de ler Santo Agostinho, lemos Platão. Antes de ler Sartre, lemos Kierkegaard, filósofo dinamarquês considerado mentor do movimento existencialista. Antes de ler Althusser ou Garaudy, lemos Feuerbach e Marx. Estudamos Descartes nas páginas do *Discurso do método*, Kant naquele camalhaço chamado *A crítica da razão pura*, e Hegel em suas complicadas reflexões acerca de filosofia do direito.

A leitura de um verbete na internet pode ajudar a situar o autor no tempo e a conhecer a relação de suas obras. E certamente um pouco de sua vida. Para bem entender um autor, é importante conhecer a sua biografia. (O mesmo vale para qualquer pessoa com quem travamos relacionamento.) Em seguida, é preciso agarrar o touro pelos chifres. Ir à própria obra do autor. Pedir a alguém que nos indique seus textos mais importantes. Um comentarista ou um dicionário de filosofia (ou de economia, dependendo da matéria em estudo) servem para clarear certos conceitos.

Em princípio, não devemos ler uma obra de estudo, um ensaio, como quem lê um romance, do início ao fim. A obra de estudo deve ser lida por temas. Se estou interessado em saber o que são classes sociais, devo antes levantar uma bibliografia que aborde este tema. Pelo índice, fico sabendo em que parte da obra tal autor aborda o tema. Então leio o que há a respeito em Marx, em Max Weber, em Erich Fromm, em Celso Furtado, em Caio Prado Jr., em Florestan Fernandes, nas encíclicas papais, na enciclopédia, nos dicionários e em outros livros e autores que estejam à mão. Dessa maneira será muito mais fácil apreender e aprender algo acerca do tema escolhido.

De preferência, todo estudo deve ser feito em grupo, com pessoas dispostas a trocar ideias sobre o mesmo tema e o mesmo livro ou autor. O grupo estimula a pesquisa, força o aprofundamento, exige mais atenção de quem estuda, pois um leva o outro a valorizar certos aspectos que, do contrário, passariam despercebidos. Baseado na experiência, não recomendo leitura de um texto em grupo – a menos que seja entremeada de discussão. Em princípio, todos os participantes devem comparecer à reunião do grupo para expor o texto, animar a discussão, problematizar em torno do tema a partir do escrito.

O fato de nos sentirmos forçados a redigir um comentário sobre o tema estudado ajuda muito a aprofundá-lo. Falar ou escrever sobre ele é a melhor maneira de absorvê-lo e sistematizá-lo. Mesmo quando se estuda sozinho, é bom fazer uma palestra para um auditório imaginário. Isso, além de treinar a nossa verbalização, contribui para que possamos conferir os dados já colhidos sobre o assunto. Melhor ainda se essa palestra imaginária puder ser resumida em um quadro negro ou em PowerPoint. A utilização do quadro ajuda a fixar as ideias.

Guardo a impressão de que muitas pessoas, apesar de lerem bastante, não sabem ler um livro. Leem devagar, como se quisessem armazenar na memória cada conceito. Ora, é justamente o contrário que funciona melhor. Quanto mais depressa lemos, atentos ao texto, mais percebemos o conjunto de raciocínio do autor. Quem apreende o conjunto fixa melhor, depois, os detalhes. Terminada a leitura rápida, então convém voltar aos aspectos que mais interessam.

Algumas pessoas costumam fichar o livro estudado. É um bom método de registrar a espinha dorsal da obra, sobretudo para quem costuma escrever fundamentando-se na bibliografia concernente ao tema. Costumo grifar os trechos que mais me chamam a atenção no livro.

Uma boa memória vale tanto quanto um bom arquivo – com a vantagem de dispensar o trabalho de fazer anotações. Memória é questão de treino. Uma boa maneira de desenvolvê-la é, após a leitura, rememorar o assunto enquanto estamos em uma condução, caminhamos pela rua ou esperamos na fila do banco. Como se falássemos a nós mesmos sobre o que acabamos de assimilar.

O mais importante, porém, é ligar o estudo à nossa prática. Sem teoria, a prática corre o sério risco de cair no espontaneismo, no pragmatismo, na improvisação capaz de repetir erros do passado. O estudo fundado na realidade na qual atuamos é como uma radiografia que nos permite ver as coisas por dentro, decifrar os sintomas e detectar as causas.

Haveria muito a dizer, mas espero que essas primeiras dicas possam ajudar a criar o hábito de estudar e a sua maneira de assimilar melhor.

Um abraço amigo.

OBRAS DE FREI BETTO

EDIÇÕES NACIONAIS:
1. *Cartas da prisão* – 1969-1973. Rio de Janeiro: Agir, 2008 Essas missivas foram publicadas anteriormente em duas obras: *Cartas da prisão* e *Das catacumbas*. Rio de Janeiro: Civilização Brasileira. *Cartas da prisão* teve nova edição pela Companhia das Letras, São Paulo, em 2017.
2. *Das catacumbas*. Rio de Janeiro: Civilização Brasileira, 1976 (3ª ed., 1985) – obra esgotada.
3. *Oração na ação*. Rio de Janeiro: Civilização Brasileira, 1977 (3ª ed., 1979) – obra esgotada.
4. *Natal, a ameaça de um menino pobre*. Petrópolis: Vozes, 1978 – obra esgotada.
5. *A semente e o fruto, Igreja e Comunidade*. Petrópolis: Vozes, 3ª ed., 1981 – obra esgotada.
6. *Diário de Puebla*. Rio de Janeiro: Civilização Brasileira, 1979 (2ª ed., 1979) – obra esgotada.
7. *A vida suspeita do subversivo Raul Parelo* (contos). Rio de Janeiro: Civilização Brasileira, l979 (esgotada). Reeditada sob o título de *O aquário negro*. Rio de Janeiro: Difel, 1986. Nova edição do Círculo do Livro, São Paulo, em 1990. Em 2009, foi lançada nova edição revista e ampliada pela Agir, Rio de Janeiro – obra esgotada.
8. *Puebla para o povo*. Petrópolis: Vozes, 1979, 4ª ed., 1981 – obra esgotada.

9. *Nicarágua livre, o primeiro passo.* Rio de Janeiro: Civilização Brasileira, 1980. Dez mil exemplares editados em Jornalivro, São Bernardo do Campo: ABCD-Sociedade Cultural, 1981 – obra esgotada.
10. *O que é Comunidade Eclesial de Base.* São Paulo: Brasiliense, 5ª ed., 1985. Coedição Abril, São Paulo, 1985, para bancas de revistas e jornais – obra esgotada.
11. *O fermento na massa.* Petrópolis: Vozes, 1981 – obra esgotada.
12. *CEBs, rumo à nova sociedade.* São Paulo: Paulinas, 2ª ed., 1983 – obra esgotada.
13. *Fogãozinho, culinária em histórias infantis* (com receitas de Maria Stella Libanio Christo). Rio de Janeiro: Nova Fronteira, 1984 (3ª ed., 1985). Nova edição da Mercuryo Jovem, São Paulo, 2002 (7ª ed.).
14. *Fidel e a religião, conversas com Frei Betto.* São Paulo: Brasiliense, 1985 (23ª ed., 1987). Edição do Círculo do Livro, São Paulo, 1989 (esgotada); 3ª ed., Fontanar, 2016, Istambul-Turquia, Ayrinti – Yayinlari, 2016.
15. *Batismo de sangue*; Os dominicanos e a morte de Carlos Marighella. Rio de Janeiro: Civilização Brasileira, 1982 (7ª ed., 1985). Reeditado pela Bertrand Brasil, Rio de Janeiro, 1987 (10ª ed., 1991). Edição do Círculo do Livro: São Paulo, 1982. Em 2000, foi lançada a 11ª ed., revista e ampliada – *Batismo de sangue*: A luta clandestina contra a ditadura militar – Dossiês Carlos Marighella & Frei Tito, pela Casa Amarela, São Paulo. Em 2006, foi lançada a 14ª ed., revista e ampliada, Rio de Janeiro: Rocco.
16. *OSPB, Introdução à política brasileira.* São Paulo: Ática, 1985, (18ª ed., 1993) – obra esgotada.
17. *O dia de Angelo* (romance). São Paulo: Brasiliense, 1987 (3ª ed., 1987). Edição do Círculo do Livro, São Paulo, 1990 – obra esgotada.

18. *Cristianismo & marxismo*. Petrópolis: Vozes, 3ª ed., 1988 – obra esgotada.
19. *A proposta de Jesus* (Catecismo Popular, vol. I). São Paulo: Ática, 1989 (3ª ed., 1991) – obra esgotada.
20. *A comunidade de fé* (Catecismo Popular, vol. II). São Paulo: Ática, 1989 (3ª ed., 1991) – obra esgotada.
21. *Militantes do reino* (Catecismo Popular, vol. III). São Paulo: Ática, 1990 (3ª ed., 1991) – obra esgotada.
22. *Viver em comunhão de amor* (Catecismo Popular, vol. IV). São Paulo: Ática, 1990 (3ª ed., 1991) – obra esgotada.
23. *Catecismo popular* (versão condensada). São Paulo: Ática, 1992 (2ª ed., 1994) – obra esgotada.
24. *Lula – biografia política de um operário*. São Paulo: Estação Liberdade, 1989 (8ª ed., 1989). *Lula – Um operário na presidência*. São Paulo: Casa Amarela, 2003 – edição revisada e atualizada.
25. *A menina e o elefante* (infantojuvenil). São Paulo: FTD, 1990 (6ª ed., 1992). Em 2003, foi lançada nova edição revista pela Editora Mercuryo Jovem, São Paulo, (3ª ed.).
26. *Fome de pão e de beleza*. São Paulo: Siciliano, 1990 – obra esgotada.
27. *Uala, o amor* (infantojuvenil). São Paulo: FTD, 1991 (12ª ed., 2009). Nova ed., 2016.
28. *Sinfonia universal, a cosmovisão de Teilhard de Chardin*. São Paulo, Ática, 1997 (5ª ed., revista e ampliada). A 1ª ed. foi editada pelas Letras & Letras, São Paulo, 1992. (3ª ed., 1999). Petrópolis: Vozes, 2011.
29. *Alucinado som de tuba* (romance). São Paulo: Ática, 1993 (20ª ed., 2000).

30. *Por que eleger Lula presidente da República* (Cartilha Popular). São Bernardo do Campo: FG, 1994 – obra esgotada.
31. *O paraíso perdido – nos bastidores do socialismo.* São Paulo: Geração, 1993 (2ª ed., 1993). Na edição atualizada, ganhou o título *O paraíso perdido – viagens ao mundo socialista.* Rio de Janeiro: Rocco, 2015.
32. *Cotidiano & Mistério.* São Paulo: Olho d'Água, 1996. (2ª ed., 2003) – obra esgotada.
33. *A obra do Artista – uma visão holística do universo.* São Paulo: Ática, 1995 (7ª ed., 2008). Rio de Janeiro: Editora José Olympio, 2011.
34. *Comer como um frade – divinas receitas para quem sabe por que temos um céu na boca.* Rio de Janeiro: Francisco Alves, 1996 (2ª ed., 1997). Rio de Janeiro: Editora José Olympio, 2003.
35. *O vencedor* (romance). São Paulo: Ática, 1996 (15ª ed., 2000).
36. *Entre todos os homens* (romance). São Paulo: Ática, 1997 (8ª ed., 2008). Na edição atualizada, ganhou o título *Um homem chamado Jesus.* Rio de Janeiro: Rocco, 2009.
37. *Talita abre a porta dos evangelhos.* São Paulo: Moderna, 1998 – obra esgotada.
38. *A noite em que Jesus nasceu.* Petrópolis: Vozes, 1998 – obra esgotada.
39. *Hotel Brasil* (romance policial). São Paulo: Ática, 1999 (2ª ed., 1999). Na edição atualizada, ganhou o título *Hotel Brasil – o mistério das cabeças degoladas.* Rio de Janeiro: Rocco, 2010.
40. *A mula de Balaão.* São Paulo: Salesiana, 2001.
41. *Os dois irmãos.* São Paulo: Salesiana, 2001.
42. *A mulher samaritana.* São Paulo: Salesiana, 2001.
43. *Alfabetto – autobiografia escolar.* São Paulo: Ática, 2002. (4ª ed.).

44. *Gosto de uva – textos selecionados*. Rio de Janeiro: Garamond, 2003.
45. *Típicos tipos – coletânea de perfis literários*. São Paulo: A Girafa, 2004 – obra esgotada.
46. *Saborosa viagem pelo Brasil – Limonada e sua turma em histórias e receitas a bordo do Fogãozinho* (com receitas de Maria Stella Libanio Christo). São Paulo: Mercuryo Jovem, 2004. (2ª ed.).
47. *Treze contos diabólicos e um angélico*. São Paulo: Planeta do Brasil, 2005.
48. *A mosca azul – reflexão sobre o poder*. Rio de Janeiro: Rocco, 2006.
49. *Calendário do poder*. Rio de Janeiro: Rocco, 2007.
50. *A arte de semear estrelas*. Rio de Janeiro: Rocco, 2007.
51. *Diário de Fernando – Nos cárceres da ditadura militar brasileira*. Rio de Janeiro: Rocco, 2009.
52. *Maricota e o mundo das letras*. São Paulo: Mercuryo Novo Tempo, 2009.
53. *Minas do ouro*. Rio de Janeiro: Rocco, 2011.
54. *Aldeia do silêncio*. Rio de Janeiro: Rocco, 2013.
55. *O que a vida me ensinou*. São Paulo: Saraiva, 2013.
56. *Fome de Deus – Fé e espiritualidade no mundo atual*. São Paulo: Paralela, 2013.
57. *Reinventar a vida*. Petrópolis: Vozes, 2014.
58. *Começo, meio e fim*. Rio de Janeiro: Rocco, 2014.
59. *Oito vias para ser feliz*. São Paulo: Planeta, 2014.
60. *Um Deus muito humano – Um novo olhar sobre Jesus*. São Paulo: Fontanar, 2015.
61. *Ofício de escrever*. Rio de Janeiro: Rocco, 2017.
62. *Parábolas de Jesus – Ética e valores universais*. Petrópolis: Vozes, 2017.

EM COAUTORIA:
1. *Ensaios de complexidade* (com Edgar Morin, Leonardo Boff e outros). Porto Alegre: Sulina, 1977 – obra esgotada.
2. *O povo e o papa. Balanço crítico da visita de João Paulo II ao Brasil* (com Leonardo Boff e outros). Rio de Janeiro: Civilização Brasileira, 1980 – obra esgotada.
3. *Desemprego – causas e consequências* (com dom Cláudio Hummes, Paul Singer e Luiz Inácio Lula da Silva). São Paulo: Edições Paulinas, 1984 – obra esgotada.
4. *Sinal de contradição* (com Afonso Borges Filho). Rio de Janeiro: Espaço e Tempo, 1988 – obra esgotada.
5. *Essa escola chamada vida* (com Paulo Freire e Ricardo Kotscho). São Paulo: Ática, 1988 (18ª ed., 2003) – obra esgotada.
6. *Teresa de Jesus: filha da Igreja, filha do Carmelo* (com Frei Cláudio van Belen, Frei Paulo Gollarte, Frei Patrício Sciadini e outros). São Paulo, Instituto de Espiritualidade Tito Brandsma, 1989 – obra esgotada.
7. *O plebiscito de 1993 – Monarquia ou República? Parlamentarismo ou presidencialismo?* (com Paulo Vannuchi). Rio de Janeiro: ISER, 1993 – obra esgotada.
8. *Mística e espiritualidade* (com Leonardo Boff). Rio de Janeiro: Rocco, 1994 (4ª ed., 1999). Rio de Janeiro: Garamond (6ª ed., revista e ampliada, 2005). Rio de Janeiro: Vozes, 2009.
9. *A reforma agrária e a luta do MST* (com vários autores). Petrópolis: Vozes, 1997 – obra esgotada.
10. *O desafio ético* (com Eugenio Bucci, Luís Fernando Veríssimo, Jurandir Freire Costa e outros). Rio de Janeiro/Brasília: Garamond/Codeplan, 1997. (4ª ed.)
11. *Direitos mais humanos* (organizado por Chico Alencar com textos de Frei Betto, Nilton Bonder, D. Pedro Casaldáliga,

Luiz Eduardo Soares e outros). Rio de Janeiro: Garamond, 1998.
12. *Carlos Marighella – o homem por trás do mito* (coletânea de artigos organizada por Cristiane Nova e Jorge Nóvoa). São Paulo: UNESP, 1999 – obra esgotada.
13. *7 Pecados do Capital* (coletânea de artigos, organizada por Emir Sader). Rio de Janeiro: Record, 1999 – obra esgotada.
14. *Nossa paixão era inventar um novo tempo – 34 depoimentos de personalidades sobre a resistência à ditadura militar* (organização de Daniel Souza e Gilmar Chaves). Rio de Janeiro: Rosa dos Tempos, 1999 – obra esgotada.
15. *Valores de uma prática militante* (com Leonardo Boff e Ademar Bogo). São Paulo: Consulta Popular, Cartilha nº 9, 2000 – obra esgotada.
16. *Brasil 500 Anos: trajetórias, identidades e destinos*. Vitória da Conquista: UESB (Série Aulas Magnas), 2000 – obra esgotada.
17. *Quem está escrevendo o futuro? – 25 textos para o século XXI* (coletânea de artigos, organizada por Washington Araújo). Brasília: Letraviva, 2000 – obra esgotada.
18. *Contraversões – civilização ou barbárie na virada do século* (em parceria com Emir Sader). São Paulo: Boitempo, 2000 – obra esgotada.
19. *O indivíduo no Socialismo* (com Leandro Konder). São Paulo: Fundação Perseu Abramo, 2000 – obra esgotada.
20. *O Decálogo* (contos, com Carlos Nejar, Moacyr Scliar, Ivan Angelo, Luiz Vilela, José Roberto Torero e outros). São Paulo: Nova Alexandria, 2000 – obra esgotada.
21. *As tarefas revolucionárias da juventude* (reunindo também textos de Fidel Castro e Lênin). São Paulo: Expressão Popular, 2000 – obra esgotada.

22. *Estreitos nós – lembranças de um semeador de utopias* (com Zuenir Ventura, Chico Buarque, Maria da Conceição Tavares e outros). Rio de Janeiro: Garamond, 2001 – obra esgotada.
23. *Diálogos criativos* (em parceria com Domenico de Masi e José Ernesto Bologna). São Paulo: DeLeitura, 2002; Rio de Janeiro: Sextante, 2006.
24. *Democracia e construção do público no pensamento educacional brasileiro* (orgs.: Osmar Fávero e Giovanni Semeraro). Petrópolis: Vozes, 2002 – obra esgotada.
25. *Por que nós, brasileiros, dizemos Não à Guerra* (em parceria com Ana Maria Machado, Joel Birman, Ricardo Setti e outros). São Paulo: Planeta, 2003.
26. *A paz como caminho* (com José Hermógenes de Andrade, Pierre Weil, Jean-Yves Leloup, Leonardo Boff, Cristovam Buarque e outros, coletânea de textos, apresentados no Festival Mundial da Paz, org. por Dulce Magalhães). Rio de Janeiro: Quality Mark, 2006.
27. *Lições de gramática para quem gosta de literatura* (com Moacyr Scliar, Luís Fernando Veríssimo, Paulo Leminski, Rachel de Queiroz, Ignácio de Loyola Brandão e outros). São Paulo: Panda Books, 2007.
28. *Sobre a esperança – diálogo* (com Mario Sergio Cortella). São Paulo: Papirus, 2007.
29. *40 olhares sobre os 40 anos da* Pedagogia do oprimido *(*com Mario Sergio Cortella, Sérgio Haddad, Leonardo Boff, Rubem Alves e outros). São Paulo: Instituto Paulo Freire, 2008.
30. *Dom Cappio: rio e povo (*com Aziz Ab'Sáber, José Comblin, Leonardo Boff e outros). São Paulo: Centro de Estudos Bíblicos, 2008.

31. *O amor fecunda o Universo – ecologia e espiritualidade* (com Marcelo Barros). Rio de Janeiro: Agir, 2009 – obra esgotada.
32. *O parapitinga Rio São Francisco (*fotos de José Caldas, com Walter Firmo, Fernando Gabeira, Murilo Carvalho e outros). Rio de Janeiro: Casa da Palavra, 2009.
33. *Conversa sobre a fé e a ciência* (com Marcelo Gleiser). Rio de Janeiro: Editora Agir, 2011 – obra esgotada.
34. *Bartolomeu Campos de Queirós – Uma inquietude encantadora (*com Ana Maria Machado, João Paulo Cunha, José Castello, Marina Colasanti, Carlos Herculano Lopes e outros). São Paulo: Moderna 2012 – obra esgotada.
35. *Belo Horizonte – 24 autores (*com Affonso Romano de Sant'Anna, Fernando Brant, Jussara de Queiroz e outros). Belo Horizonte: Mazza Edições, 2012.
36. *Dom Angélico Sândalo Bernardino – Bispo profeta dos pobres e da justiça* (com Dom Paulo Evaristo Arns, Dom Pedro Casaldáliga, Dom Demétrio Valentini, Frei Gilberto Gorgulho, Ana Flora Andersen e outros). São Paulo: ACDEM, 2012.
37. *Depois do silêncio – Escritos sobre Bartolomeu Campos de Queirós* (com Chico Alencar, José Castello, João Paulo Cunha e outros). Belo Horizonte: RHJ Livros, 2013.
38. *Nos idos de Março – A ditadura militar na voz de 18 autores brasileiros* (com Antonio Callado, Nélida Piñon, João Gilberto Noll e outros). São Paulo: Geração, 2014.
39. *Mulheres* (com Affonso Romano de Sant'Anna, Fernando Fabbrini, Dagmar Braga e outros). Belo Horizonte: Mazza Edições, 2014.
40. *Advertências e esperanças – Justiça, Paz e Direitos Humanos* (com Frei Carlos Josaphat, Marcelo Barros, Frei Henri Des Roziers, Ana de Souza Pinto e outros). Goiânia: Editora PUC Goiás, 2014.

41. *Marcelo Barros – A caminhada e as referências de um monge* (com Dom Pedro Casaldáliga, Dom Tomás Balduino, Carlos Mesters, João Pedro Stédile e outros). Recife: Edição dos Organizadores, 2014.
42. *Dom Paulo Evaristo Cardeal Arns – Pastor das periferias, dos pobres e da justiça* (com D. Pedro Casaldáliga, Fernando Altemeyer Júnior, Dom Demétrio Valentim e outros). São Paulo: Casa da Terceira Idade Tereza Bugolim, 2015.
43. *Cuidar da casa comum* (com Leonardo Boff, Maria Clara Lucchetti Bingemer, Pedro Ribeiro de Oliveira, Marcelo Barros, Ivo Lesbaupin e outros). São Paulo: Paulinas, 2016.
44. *Criança e consumo – 10 anos de transformação* (com Ana Olmos, Adriana Cerqueira de Souza e outros). São Paulo: Instituto Alana, 2016.
45. *O budista e o cristão – Um diálogo pertinente* (com Heródoto Barbeiro). São Paulo: Fontanar, 2017.
46. *Em que creio eu* (com Ivone Gebara, Jonas Resende, Luiz Eduardo Soares, Márcio Tavares do Amaral, Leonardo Boff e outros). São Paulo: Edições Terceira Via, 2017.

EDIÇÕES ESTRANGEIRAS:
1. *Dai Soterranei della Storia*. Milão, Itália: Arnoldo Mondadori, 2ª ed., 1973.
2. *Novena di San Domenico*. Brescia, Itália: Queriniana, 1974.
3. *L'Eglise des Prisons*. Paris: Desclée de Brouwer, 1972.
4. *La Iglesia Encarcelada*. Buenos Aires: Rafael Cedeño Editor, 1973.
5. *Brasilianische Passion*. Munique, Alemanha: Kösel Verlag, 1973.
6. *Fangelsernas Kyrka*. Estocolmo: Gummessons, 1974.
7. *Geboeid Kijk ik om mij heen*. Bélgica-Holanda: Gooi en sticht bvhilversum, 1974.

8. *Creo desde la carcel*. Bilbao, Espanha: Desclée de Brouwer, 1976.
9. *Against Principalities and Powers*. Nova York, EUA: Orbis Books, 1977.
10. *17 Días en Puebla*. Cidade do México: CRI, 1979.
11. *Diario di Puebla*. Brescia, Itália: Queriniana, 1979.
12. *Lettres de Prison*. Paris: Éditions du Cerf, 1980.
13. *Lettere dalla Prigione*. Bolonha, Itália: Dehoniane, 1980.
14. *La Preghiera nell'Azione*. Bolonha, Itália: Dehoniane, 1980.
15. *Que es la Teología de la Liberación?* Lima: Celadec, 1980.
16. *Puebla para el Pueblo*. Cidade do México: Contraste, 1980.
17. *Battesimo di Sangue*. Bolonha, Itália: Asal, 1983. Nova edição revista e ampliada publicada pela Sperling & Kupfer, Milão, 2000. Ekdoseis twn Synadelfwn, Grécia, 2015.
18. *Les Freres de Tito*. Paris: Éditions du Cerf, 1984.
19. *El Acuario negro*. Havana: Casa de las Americas, 1986.
20. *La Pasión de Tito*. Caracas: Ed. Dominicos, 1987.
21. *El Día de Angelo*. Buenos Aires: Dialectica, 1987.
22. *Il Giorno di Angelo*. Bolonha, Itália: E.M.I., 1989.
23. *Los 10 mandamientos de la relacion Fe y Politica*. Cuenca, Equador: Cecca, 1989.
24. *Diez mandamientos de la relación Fe y Política*. Panamá: Ceaspa, 1989.
25. *De Espaldas a la Muerte, Dialogos con Frei Betto*. Guadalajara, México: Imdec, 1989.
26. *Fidel y la Religion*. Havana, Cuba: Oficina de Publicaciones del Consejo de Estado, 1985. Até 1995, editado nos seguintes países: México, República Dominicana, Equador, Bolívia, Chile, Colômbia, Argentina, Portugal, Espanha, França, Holanda, Suíça (em alemão), Itália, Tchecoslováquia (em tcheco e inglês), Hungria, República Democrática da Alemanha, Iugoslávia, Polônia, Grécia, Filipinas, Índia (em dois idiomas),

Sri Lanka, Vietnam, Egito, Estados Unidos, Austrália e Rússia. Há uma edição cubana em inglês. Ocean Press, Austrália, 2005.
27. *Lula* São Paulo: *Biografía Política de un Obrero*. Cidade do México: MCCLP, 1990.
28. *A proposta de Jesus*. Gwangju, Coreia do Sul: Work and Play Press, 1991.
29. *Comunidade de fé*. Gwangju, Coreia do Sul: Work and Play Press, 1991.
30. *Militantes do reino*. Gwangju, Coreia do Sul: Work and Play Press, 1991.
31. *Viver em comunhão de amor*. Gwangju, Coreia do Sul: Work and Play Press, 1991.
32. *Het waanzinnige geluid van de tuba*. Baarn, Holanda: Fontein, 1993.
33. *Allucinante suono di tuba*. Celleno, Itália: La Piccola Editrice, 1993.
34. *Uala Maitasuna*. Tafalla, Espanha: Txalaparta, 1993.
35. *Día de Angelo*. Tafalla, Espanha: Txalaparta, 1993.
36. *La musica nel cuore di un bambino* (romance). Milão, Itália: Sperling & Kupfer, 1998.
37. *La Obra del Artista – una visión holística del Universo*. Havana: Caminos, 1998. Nova edição foi lançada em 2010 pela Editorial Nuevo Milenio.
38. *La Obra del Artista – una visión holística del Universo*. Córdoba, Argentina: Barbarroja, 1998.
39. *La Obra del Artista – una visión holística del Universo*. Madri: Trotta, 1999.
40. *Un hombre llamado Jesus* (romance). Havana: Caminos, 1998.
41. *Uomo fra gli uomini* (romance). Milão, Itália: Sperling & Kupfer, 1998.

42. *Gli dei non hanno salvato l'America – Le sfide del nuovo pensiero político latino-americano.* Milão, Itália: Sperling & Kupfer, 2003.
43. *Gosto de uva.* Milão, Itália: Sperling & Kupfer, 2003.
44. *Hotel Brasil.* Paris: Éditions de l'Aube, 2004.
45. *Non c'e progresso senza felicità* (em parceria com Domenico de Masi e José Ernesto Bologna). Milão, Itália: Rizzoli-RCS Libri, 2004.
46. *Sabores y Saberes de la Vida – Escritos Escogidos.* Madri: PPC Editorial, 2004.
47. *Dialogo su pedagogia, etica e partecipazione politica* (em parceria com Luigi Ciotti). Turim, Itália: Edizioni Gruppo Abele, 2004.
48. *Hotel Brasil.* Roma: Cavallo di Ferro Editore, 2006.
49. *El Fogoncito.* Havana: Editorial Gente Nueva, 2007.
50. *Un hombre llamado Jesus* (romance). Havana: Editorial Caminos, 2009.
51. *La obra del artista – Una visión holística del Universo.* Havana: Editorial de Ciencias Sociales, 2009.
52. *Increíble sonido de tuba.* Madri: Ediciones SM, 2010.
53. *Reflexiones y vivencias en torno a la educación* – y otros autores. Madri: Ediciones SM, 2010.
54. *El ganador.* Madri: Ediciones SM, 2010.
55. *La mosca azul – Reflexión sobre el poder en Brasil.* Austrália: Ocean Press, 2005. Havana: Editorial Ciencias Sociales, 2013.
56. *Quell'uomo chiamato Gesù.* Bolonha, Itália: Editrice Missionária Italiana, 2011.
57. *Maricota y el mundo de las letras.* Havana: Editorial Gente Nueva, 2012.

58. *La mosca azul – Reflexión sobre el poder en Brasil*. Havana: Editorial Nuevo Milenio, 2013.
59. *El comienzo, la mitad y el fin*. Havana: Editorial Gente Nueva, 2014.
60. *Un sabroso viaje por Brasil – Limonada y su grupo en cuentos y recetas a bordo del Fogoncito*. Havana: Editorial Gente Nueva, 2013.
61. *Hotel Brasil – The mistery of severed heads*. Londres: Bitter Lemon Press, 2014.
62. *La niña y el elefante*. Havana: Editorial Gente Nueva, 2015.
63. *Minas del Oro*. Havana: Editorial Arte y Literatura, 2015.

EDIÇÕES ESTRANGEIRAS EM COAUTORIA:
1. *Comunicación popular y alternativa* (com Regina Festa e outros). Buenos Aires: Paulinas, 1986.
2. *Mística y Espiritualidad* (com Leonardo Boff). Buenos Aires: Cedepo, 1995. Cittadella Editrice, Itália, 1995.
3. *Palabras desde Brasil* (com Paulo Freire e Carlos Rodrigues Brandão). Havana: Caminos, 1996.
4. *Hablar de Cuba, hablar del Che* (com Leonardo Boff). Havana: Caminos, 1999.
5. *Non c'e progresso senza felicità* (em parceria com Domenico de Masi e José Ernesto Bologna). Milão: Rizzoli-RCS Libri, 2004.
6. *Dialogo su pedagogia, ética e partecipazione política* (em parceria com Luigi Ciotti). Turim, Itália: EGA – Edizioni Gruppo Abele, 2004.
7. *Ten Eternal Questions – Wisdom, insight and reflection for life's journey* (em parceria com Nelson Mandela, Bono, Dalai Lama, Gore Vidal, Jack Nicholson e outros). Org. por Zoë Sallis. Londres: Duncan Baird Publishers, 2005. Edição portuguesa pela Platano Editora, Lisboa, 2005.

8. *50 cartas a Dios* (em parceria com Pedro Casaldaliga, Federico Mayor Zaragoza e outros). Madri: PPC, 2005.
9. *The Brazilian Short Story in the Late Twentieth Century – A Selection from Nineteen Authors*. Toronto, Canadá: The Edwin Mellen Press, 2009.
10. *Reflexiones y vivencias en torno a la educación* – y otros autores. Madri: Ediciones SM, 2010.
11. *El amor fecunda el universo – Ecología y espiritualidade* (com Marcelo Barros). Madri: PPC Editorial y Distribuidora, 2012; Havana: Editorial Ciencias Sociales, 2012.
12. *Brasilianische Kurzgeschichten (*com Lygia Fagundes Telles, Rodolfo Konder, Deonísio da Silva, Marisa Lajolo e outros). Karlsruhe, Alemanha: Arara-Verlag, 2013.
13. *Laudato si' cambio climático y sistema económico* (com François Houtart). Quito: Centro de Publicaciones, Pontifícia Universidad Católica del Ecuador, 2016.
14. *Hablan dos educadores populares: Paulo Freire y Frei Betto*, Colección Educación Popular del Mundo. Havana: Editorial Caminos, 2017.
15. *Golpe en Brasil – Genealogia de una farsa* (com Noam Chomsky, Michel Löwy, Adolfo Pérez Esquivel, entre outros). Buenos Aires: Clacso, 2016.

Impressão e Acabamento:
EDITORA JPA LTDA.